STEFANO MINI

RISPARMIARE SENZA RINUNCE

Come Difendersi dagli Attacchi del Marketing e Imparare a Gestire i Propri Soldi

Titolo

"RISPARMIARE SENZA RINUNCE"

Autore

Stefano Mini

Editore

Bruno Editore

Sito internet

www.brunoeditore.it

Sommario

Introduzione

Mentre scrivo queste prime righe, guardo la libreria e cosa vedo? Un libro intitolato *Marketing Management*, 1000 pagine abbondanti tutte incentrate sul come vendere un prodotto a gente che spesso non vuole (né ha il bisogno) di comprare. Sì, sono un economista e queste cose le sto studiando da anni e continuerò a studiarle negli anni a venire.

«Conosci il tuo nemico per sconfiggerlo» disse il generale e filosofo cinese Sun Tzu 2500 anni fa, ed è questo il principio che sto cercando di applicare da un po' di tempo. Prima leggo i manuali di marketing e poi li rileggo in una chiave diversa, andando oltre le parole e i concetti enunciati: arrivo al succo, lo analizzo e imparo a combatterlo nel modo ideale. Poi esco di casa e applico queste lezioni alla vita di tutti i giorni: in questo ebook troverai le tecniche che ho appreso in anni di sperimentazioni, così che non dovrai fare i miei stessi errori per arrivarci.

Questo manuale sarà diviso in tre parti, due attive e una passiva. Le parti attive saranno concentrate sulle emozioni che regolano l'acquisto e, principalmente, su come risparmiare senza farsi mancare niente. Risparmiare, infatti, non è un gesto che si può compiere in maniera indolore, altrimenti lo farebbero tutti. Il segreto è quello di imparare come eliminare le spese inutili, in modo da avere più soldi senza sacrifici.

La seconda parte invece, quella passiva, è quella che viene erroneamente identificata come la più importante dalla maggior parte delle persone. Si tratta di un elenco delle più importanti strategie psicologiche usate dai negozi per venderti un prodotto, con tanto di descrizione accurata per riconoscerle e contrastarle efficacemente.

Bene, sei pronto a incominciare? Ottimo! Un ultimo consiglio che voglio darti è questo: il manuale contiene veramente tante strategie che puoi applicare, ed è impossibile impararle tutte con una lettura veloce. Torna a leggere i capitoli più importanti almeno un'altra volta e utilizza l'ebook come un manuale pratico da consultare regolarmente più che come un libro da leggere e riporre nell'armadio.

Buona lettura!

Stefano Mini

CAPITOLO 1:
Come Avere la Mentalità da Formichina

La motivazione è importante!

Solitamente quando si inizia un manuale è difficile decidere l'ordine dei capitoli, in special modo il primo. Tuttavia, io non ho avuto il minimo dubbio su cosa mettere subito dopo la parte introduttiva: un bel capitolo sulla motivazione e sul perché è così importante.

Già, perché sono bravi tutti a dire «basta, da ora in poi cambio stile di vita», ma purtroppo non è così semplice come si potrebbe pensare. Secondo gli studi, addirittura, la maggior parte delle persone abbandona un buon proposito entro un mese! Tu vuoi essere uno di quelli?

Io credo proprio di no, e quindi prima di tutto devi essere sicuro di avere la giusta motivazione per non mollare. Se non pensi di averla, allora questo manuale difficilmente ti sarà veramente d'aiuto. Questo capitolo ruota proprio intorno alla tua motivazione personale, ovvero trovare qualcosa che veramente ti faccia scattare la scintilla giusta.

Quello che ti serve è un obiettivo da attualizzare. Ma che cosa significa attualizzare? Te lo sentirai ripetere più volte in queste pagine: il cervello non è in grado di misurare il tempo in maniera lineare e, più l'orizzonte è distante, più la mente modificherà la linea temporale. In altre parole, la mente comprime il tempo tanto più l'orizzonte temporale si allontana.

Per capire meglio, prova a fare questo esperimento: chiudi gli occhi e pensa a quello che potrai fare da qui a un anno. Sono sicuro che ti verranno in mente molte cose, fra le quali imparare a risparmiare con la psicologia e realizzare almeno uno dei tuoi sogni nel cassetto. Ora pensa a come sarai fra vent'anni, a cosa sarà cambiato e agli obiettivi che avrai raggiunto. Ora immedesimati in quella persona, e immagina cosa potrai fare da lì a un anno: non ti verranno in mente molte cose, perché spostato così avanti nel tempo un anno ti sembrerà veramente poco tempo.

Solitamente questa distorsione non viene vista di buon occhio perché può causare diversi problemi: può essere utilizzata dalle pubblicità in svariati modi per trarti in inganno, come nel caso dei mutui o dei pagamenti posticipati nel tempo. Ma la si può anche utilizzare a proprio vantaggio.

Allora, vediamo come sfruttare questo principio per darti la carica di cui hai bisogno. Il tuo obiettivo finale è risparmiare, giusto? Sbagliato! Quello è solo il mezzo, il tuo vero obiettivo è avere più soldi per le attività che ti piacciono veramente. E allora non pensare a tutta la fatica che dovrai fare, perché come puoi immaginare si tratta di un pensiero molto demotivante.

Puoi però giocare sulla distorsione temporale: chiudi gli occhi, pensa a quando avrai finalmente un bel gruzzolo da utilizzare, poi pensa a come lo spenderesti e a quali sensazioni proveresti nel farlo. Ora concentrati sulla felicità che proverai nel poterti permettere quella vacanza, o qualsiasi altro obiettivo tu voglia raggiungere. Bene, hai finito? Ora puoi riaprire gli occhi. Se hai attualizzato nella maniera corretta ti sentirai fin da subito molto più carico e motivato a proseguire.

Io utilizzo tantissimo questo espediente e non solo quando devo motivarmi a risparmiare: è, infatti, utile in tutti i casi in cui devi fare un sacrificio immediato per avere un grande beneficio in futuro (perdere qualche chilo, ad esempio).

Sono sicuro che adesso continuerai a leggere almeno un altro capitolo! Non solo questa tecnica ti permetterà di trovare la giusta motivazione per iniziare, ma anche e soprattutto la capacità di andare avanti quando avrai qualche imprevisto: rifai il procedimento da capo e nel giro di pochi secondi sarai pronto a ripartire.

Sempre parlando di motivazione, un altro eccellente metodo per ritrovarla e soprattutto mantenerla è quello della suddivisione degli obiettivi. Non ti illuderò con false promesse: cambiare mentalità non è una cosa facile e soprattutto all'inizio richiede un grande sforzo. E i benefici non arriveranno se non dopo qualche mese. In altre parole, potrai raggiungere i tuoi obiettivi solo se ci metti il giusto impegno e tenacia. Io ti fornirò gli strumenti necessari, ma la motivazione per applicare queste strategie è qualcosa che devi trovare dentro di te.

Il segreto per avere sempre nuovi stimoli a continuare è quello di avere degli obiettivi a breve termine, precisi e puntuali, che sai di poter raggiungere nell'arco di non più di un paio di giorni con un minimo sforzo. Spezzetta quello che vuoi fare, in questo caso raggiungere la libertà finanziaria risparmiando sulle spese inutili, in più e più parti. Poi datti da fare per raggiungere il primo "checkpoint" (che può essere, ad esempio, rinunciare a una bibita in favore della più economica e salutare acqua gassata). Una volta fatto, datti una piccola ricompensa, sorridi e vai verso il prossimo piccolo obiettivo.

Così facendo la tua mente sarà altamente focalizzata, perché quello che le imponi di fare non sarà più un'impresa grandiosa che richiede mesi, bensì un piccolo e innocuo compito che può essere portato a termine in brevissimo tempo. Alla mente non piace trovarsi di fronte a situazioni impossibili: ha un ragionamento molto più pratico e funzionale, quindi si darà maggiormente da fare se il compito è visto come possibile e la ricompensa è a breve termine.

SEGRETO n. 1: ancora prima di cominciare, trova la

motivazione per portare a termine quello che inizi.

Il rapporto con il denaro

Voglio iniziare questo paragrafo con una frase a effetto: il tenore di vita, determinato da quanti soldi hai, non influenza la felicità. Sì, voglio andare controcorrente e ridurre l'importanza dei soldi in un ebook che parla di come risparmiare soldi faccia la felicità. Non lo faccio perché voglio fare scalpore ed essere alternativo, ma perché penso che si debba prima di tutto dare il giusto valore alle cose, anche al denaro.

Lo dice un esperimento condotto dallo psicologo sociale Philip Brickman nell'ormai lontano 1978. Intervistò ventidue vincitori della lotteria, ponendo loro una semplice domanda poco dopo la riscossione della vincita: «Quanto sei felice?» Non è difficile immaginare le risposte: sull'onda dell'entusiasmo tutti gli intervistati si dichiararono felicissimi per l'inaspettata fortuna che li aveva colpiti. Ma l'indagine è andata oltre questi risultati scontati.

Mesi dopo il dottor Brickman tornò dalle stesse persone e pose loro la stessa domanda. Adesso questi uomini avevano fatto viaggi, comprato auto di lusso e ville con piscina, avevano appagato tutti i loro desideri. Fu qui che i feedback furono inaspettati: i vincitori della lotteria dichiararono un livello di felicità pari a quello di altre persone scelte a caso fra la popolazione statunitense. Insomma, nemmeno i ricchi sono esenti da qualsiasi problema e intoccabili sotto ogni punto di vista.

Ma cos'è questa storia? Senza soldi non si è felici e con i soldi non si è felici lo stesso? Certo, questa non è una prospettiva allettante. Meglio allora adottarne una nuova: con o senza soldi, si può essere ugualmente felici. Non conta quanti soldi hai, ma come li spendi per raggiungere la felicità.

Quello che serve è avere un giusto rapporto con il denaro, una relazione sana e non di ossessiva dipendenza, per liberarsi una volta per tutte dalle preoccupazioni che le banconote ti portano. Senza fare troppi giri di parole, bisogna tornare a guardare ai soldi con il loro significato originario: un mezzo per ottenere qualcosa. I soldi da soli non possono fare la felicità di qualcuno, perché non sono altro che pezzi di metallo o fogli di carta colorata. Non è quindi la dimensione del conto in banca che determina la ricchezza, quanto la capacità di usare questo conto in banca per essere più felici.

Gli italiani, secondo svariate ricerche, sono dei veri e propri maestri del risparmio: accumulano ricchezza più di molti altri popoli al mondo, perché «non si sa mai». Al contrario, negli Stati Uniti i risparmi tendono quasi sempre allo zero. Come sempre, la virtù sta nel mezzo. Senza arrivare agli eccessi nordamericani è importante capire che non si può continuare a mettere via senza mai spendere: un conto è avere un po' di soldi da parte per le emergenze, un altro è privarsi delle gioie della vita per accumulare il più possibile. Quando si spendono i soldi, perché da qualche parte prima o poi andranno di sicuro, bisogna massimizzare il loro valore. Cento euro possono rendere felici o infelici, a seconda che siano investiti bene o male.

Il concetto brevemente espresso qui sopra vorrei che lo imparassi per bene, perché è molto importante per fruire di questo ebook con la chiave di lettura adatta, con lo spirito giusto per iniziare a risparmiare fin da oggi. Il denaro non ha sempre lo stesso valore, ma esso cambia anche di molto a seconda di come lo si utilizza sia nei grandi acquisti, sia nelle spese quotidiane.

È questo il segreto della vera ricchezza: riuscire a risparmiare su tutte le spese inutili, ovvero quelle che non migliorano significativamente la nostra vita, comporta una maggiore disponibilità economica per fare quello che veramente ci piace fare. Ho scritto questo manuale con tale principio in mente, conscio che non importa quanti soldi si guadagnano ma come si usano. Solo tu puoi sapere cosa comprare per essere felice e io ti guiderò nel processo di decisione e di massimizzazione del valore del denaro.

Tuttavia, il concetto di comprare la felicità, seppur non del tutto vero, mantiene comunque un fondo di verità: senza arrivare agli estremi di chi crede che arricchirsi sia il fine ultimo della propria esistenza, pensa al denaro come se fosse l'intermediario che si frappone fra te e il raggiungimento della felicità personale. Insomma, i soldi non garantiscono automaticamente la felicità, ma d'altra parte sono senza dubbio uno strumento per raggiungerla. Non è la sola quantità che conta, ma anche e soprattutto come e dove li si spende.

Imparando a gestire in maniera adeguata il tuo patrimonio, potresti diventare più felice di un milionario! E te lo assicuro, se applicherai con costanza e determinazione i segreti che trovi scritti in questo manuale, ti accorgerai ben presto che è così. Tutto sta nel comprare quello che ti rende veramente felice anche solo una volta ogni tanto.

Pensa ai soldi come se fossero dei mattoni e la felicità come se fosse una casa: i mattoni sono necessari per costruire una casa così come i soldi ti serviranno per raggiungere la felicità, ma tutti i mattoni del mondo non ti serviranno a niente se non sai nemmeno come costruire un muro solido.

Concedersi una soddisfazione anche costosa ogni tanto, soprattutto se si è lavorato sodo, ha un impatto sulla tua felicità molto più grande di quello che potrebbe avere un milionario all'acquisto dell'ennesima macchina sportiva. Così come disse Einstein, tutto è relativo: anche i soldi aggiungo io. Non pensare dunque che non vi sia correlazione fra denaro e felicità: se così fosse, non avresti bisogno di uno stipendio che non sia più alto di quello necessario per coprire i bisogni primari, giusto? La chiave è sempre e comunque quella di avere un sogno, un obiettivo che ti dia la motivazione per dare il massimo e grande gioia una volta raggiunto.

Prezzo e valore

Prima di passare al prossimo capitolo, vorrei inoltre fare una breve digressione su due termini che possono generare confusione: prezzo e valore. Il prezzo non ha bisogno di ulteriori spiegazioni: è il costo di un qualsiasi oggetto o servizio (come un massaggio alle terme): insomma, quanto devi pagare per averlo.

Il valore, invece, è qualcosa di personale: è quanto noi internamente valutiamo un determinato bene, quanto secondo noi dovrebbe costare per avere un prezzo equo. Se il prezzo è uguale per tutti e deciso dal produttore, il valore invece no: esso varia in base alle esperienze e all'identità di ognuno di noi e non può essere definito da altri se non da noi stessi.

SEGRETO n. 2: non importa quanti soldi hai, quello che

conta è come li usi per raggiungere la felicità.

Il valore dei soldi

Il titolo può suonare molto strano: i soldi sono lo strumento con il quale, per definizione, si valutano i prodotti, quindi deve avere per forza un valore fisso. Eppure non è così e un euro non è detto che valga un euro. Per questo devi imparare a massimizzare il valore dei soldi, per ottenere di più con la stessa quantità di denaro.

Pensi che non sia vero? E allora ti faccio l'esempio più banale cui si può pensare che ti convincerà immediatamente. L'esempio è quello dei collezionisti di monete: acquistano monete a prezzi ben più alti del loro valore nominale, eppure si sentono lo stesso felici e appagati. Ovviamente non sono pazzi, perché per loro il valore dell'acquisto non è unicamente nel prezzo: sono disposti a un esborso maggiore perché a loro piace collezionare monete. E così sono ben disposti a spendere migliaia di euro per una moneta da un euro. La spiegazione sta nel fatto che quelle persone hanno associato alla moneta una sensazione positiva, un'emozione tale che per provarla sono disposti a pagare anche molti soldi.

Insomma, danno un prezzo alle loro emozioni.

Naturalmente non tutti sono dei collezionisti di monete storiche, quindi si potrebbe pensare che questo ragionamento non ha senso di esistere per la maggior parte delle persone. E, invece, il ragionamento alla base è sempre lo stesso, seppur con qualche lieve variazione, anche quando pensi a una tua passione. Nell'esempio precedente il valore dell'emozione era intrinseco ai soldi: una moneta da un euro vale di più per me perché è rara e averla mi suscita una forte emozione positiva.

Ora estendiamo il ragionamento a qualsiasi oggetto o a qualsiasi passione. Così un paio di occhiali da sole possono acquisire un valore superiore se li consideriamo particolarmente belli perché faranno sentire più belli anche noi. Non importa quindi quanto sia il valore fisico dell'oggetto, conta soprattutto quali sensazioni esso ci susciti. Per dirlo in termini matematici, ecco qui la semplice formula che inconsciamente applichi tutte le volte che fai un acquisto o valuti un oggetto:

VALORE = COSTO MATERIALE + EMOZIONE

Che cosa significa questa formula? Il valore qui inteso non è il prezzo, bensì la quantità di denaro che sei disposto a sborsare per appropriarti del prodotto in questione. Esso è dato dalla somma di due elementi:

- **il costo materiale, ovvero il valore fisico di un oggetto**: nel caso del collezionista il costo materiale è il valore nominale della moneta che acquista, mentre più in generale è equiparabile al costo di produzione (quando il produttore di un determinato oggetto spende per creare l'oggetto stesso). Per fare un esempio: un paio di occhiali potrebbe avere un costo materiale di 5 o 10 euro;
- **l'emozione**: è in sostanza la componente irrazionale che ci dà delle sensazioni positive (o negative) per le quali siamo ben disposti a pagare un sovrapprezzo (o a pagare per liberarcene). È molto difficile dare un prezzo alle nostre emozioni e questo ci lascia in balia degli esperti di marketing di tutto il mondo, il cui preciso compito è di aumentare artificiosamente il livello emotivo di un prodotto per poterne alzare il prezzo.

Questa formula la riprenderò in seguito per renderla più completa, ma già così è più che valida e serve per darti un'idea delle meccaniche che regolano l'acquisto di qualsiasi prodotto. A questo punto la domanda potrebbe essere: «Molto bella la teoria, ma cosa c'entra il valore di un oggetto con il fatto che il denaro non ha per tutti lo stesso valore?» Semplice: visto che l'emozione è qualcosa di soggettivo e non può essere calcolato universalmente, a uno stesso prezzo possiamo trovare oggetti che per noi hanno un alto valore e altri che invece ne hanno uno basso.

Acquistando, quindi, il prodotto che ha per te e solo per te un alto valore, massimizzerai anche il valore del denaro: con la stessa cifra avrai delle emozioni ben più vive e più forti. Ti faccio un esempio: vuoi mangiare un buon piatto di pasta e devi decidere quale sugo pronto acquistare al supermercato. Ti trovi di fronte un barattolo di sugo alla carbonara, che ami da impazzire, e un'arrabbiata, che invece detesti con tutto il tuo cuore. Entrambi i prodotti hanno lo stesso identico prezzo. Se acquisti l'arrabbiata, penserai di aver buttato via i tuoi soldi perché non la mangerai mai, mentre se compri la carbonara, avrai fatto un ottimo acquisto e gusterai un ottimo pranzo.

Con la stessa quantità di denaro puoi acquistare due sughi che hanno per te un valore estremamente diverso, il che equivale a dire che il denaro ha un valore diverso a seconda dell'acquisto a cui lo destini. Questo è solo un esempio ristretto e semplicistico, ma funziona comunque bene nella pratica: prima di passare al prossimo paragrafo, prova a pensare ad almeno una situazione nella quale due prodotti a prezzi uguali hanno per te un valore diverso.

Un acquisto viene portato a termine solo quando il valore è pari o superiore al prezzo di listino: visto che il costo materiale rimane sempre uguale per ogni determinato prodotto, tutto si gioca sulle emozioni. Siamo disposti a pagare di più per provare emozioni più forti, ma questo significa che anche il prezzo per provarle sarà più elevato. Bisogna, quindi, trovare un giusto compromesso fra prezzo ed emozioni: come dissero i filosofi già nel Medioevo «la verità sta nel mezzo» e anche qui non si fa eccezione.

Tuttavia, questo aggiunge una nuova difficoltà che devi risolvere prima di poter passare al paragrafo successivo di questo manuale: cos'è che ti rende veramente felice? Non potrai raggiungere la libertà finanziaria finché non lo sai. Se ti fai guidare dalle emozioni senza un piano preciso, finirai con lo spendere denaro per prodotti che non ti servono e che non impattano sulla tua felicità. Con il passare del tempo non avrai più soldi per fare quello che veramente può permetterti di goderti la vita fino in fondo.

Non temporeggiare, quindi, e fai subito questo esercizio: prendi carta e penna, poi dividi il foglio il due parti. A sinistra elenca i cosiddetti piccoli acquisti, ovvero quelle cose che costano poco e che puoi permetterti di acquistare una o più volte al mese. Elenca quelle cose che ti rendono più felice: può essere di tutto, da un caffè al bar a un sabato sera in discoteca. Non badare al prezzo, ascolta solamente le tue sensazioni.

Per renderti la scelta più facile, puoi anche utilizzare il procedimento inverso e chiederti: «Quali delle cose che già faccio non voglio assolutamente eliminare?» Cerca di arrivare a una lista che comprenda almeno 7 o 8 elementi distinti. Poi passa al lato destro del foglio e qui fai la stessa cosa ma con i grandi acquisti, ovvero quelli che puoi permetterti al massimo una volta all'anno. Ora inizia a eliminare man mano tutte le voci che non reputi importanti come le altre. Fai in modo di avere solamente tre elementi nella lista dei piccoli acquisti, e uno nei grandi acquisti.

Adesso sai quali sono le tue priorità: spendi i tuoi risparmi sui tre piccoli acquisti a cuor leggero, perché come ho detto non devi privarti dei piaceri della vita per accumulare ricchezza. Dovrai invece risparmiare sugli altri piccoli acquisti, quelli che hai cancellato dalla lista o che non hai proprio segnato, in modo da poterti permettere il grande acquisto una volta ogni tanto.

Ti consiglio di rifare questa lista all'inizio di ogni mese, almeno per quanto riguarda la parte dei piccoli acquisti: essi possono cambiare rapidamente, ed è sbagliato fossilizzarsi sugli stessi tre elementi per troppo tempo. Tutti hanno bisogno di cambiare ogni tanto, e devi essere dinamico per sapere in ogni momento quello che vuoi di più. Se pensi che soli tre piccoli acquisti siano troppo pochi per te, allora questa è la soluzione: cambia la lista ogni mese con tre tue passioni, di modo che nel giro di pochi mesi potrai soddisfare tutti i tuoi bisogni senza spendere troppo.

SEGRETO n. 3: i soldi acquistano un valore maggiore se li usi

per acquisti mirati. Sapere cosa vuoi è il primo importante passo verso la felicità.

Un euro risparmiato è un euro guadagnato

Da ben prima che iniziassi a studiare economia ho applicato il principio del «un euro risparmiato è un euro guadagnato», il che mi ha permesso di guardare il denaro sotto un altro punto di vista: dato che non disponiamo di risorse finanziarie illimitate, risparmiare su qualcosa ti permetterà di spendere quella stessa quantità di denaro in qualcos'altro. E, a livello pratico, questo corrisponde a guadagnare un po' di più.

Voglio focalizzarmi con più attenzione su questo aspetto, perché l'atteggiamento mentale verso i soldi e il loro utilizzo riveste un aspetto di primaria importanza nella vita di tutti i giorni. Quando stai per spendere una qualsiasi cifra di denaro, chiediti sempre: «Potrei utilizzare questi stessi soldi per qualcosa che mi renderebbe ancora più felice?» Se la risposta è sì, allora forse l'acquisto non è fra i migliori che potresti fare.

Questo principio è molto simile a quello applicato dalle aziende, anche se utilizzano un'ottica differente: se hanno una limitata disponibilità di liquidità, non si gettano a testa bassa verso il primo investimento che garantisce un guadagno, ma stanno ben attente a trovare il progetto che frutterà la maggior quantità di denaro nel minor tempo possibile.

Allo stesso modo puoi fare tu: non spendere il tuo sudato stipendio su qualcosa solo perché ti farebbe piacere, poiché in seguito potresti trovarti di fronte al classico rimorso del «se fossi stato un po' più paziente» qualora trovassi un'alternativa migliore. È la poco piacevole sensazione che provi quando fai un acquisto impulsivo per poi non poterti permettere quello che brami da tempo, il che porta a un altro pensiero molto comune: quello del «se avessi più soldi, potrei permettermelo».

Risparmiando sulle spese inutili eliminerai alla radice questo problema, e stai pur certo che quando si presenterà il prodotto che hai sempre voluto avrai abbastanza soldi per permettertelo. Grazie alla semplice strategia di aspettare prima di fare un acquisto, non ti troverai più a dire che non hai abbastanza soldi per fare quello che vuoi. Avrai il pieno controllo di cosa comprare e di cosa lasciare sullo scaffale, ed è questa la vera libertà finanziaria che raggiungerai.

Come ho già detto nel paragrafo precedente, devi sempre cercare di massimizzare il beneficio che trai da ogni esborso di denaro, per non ritrovarti sempre con l'acqua alla gola. Molto spesso sento dire la frase «già che ho i soldi, li spendo», salvo poi trovarsi in ristrettezze economiche da lì a due settimane. Il ragionamento è però sbagliato: spendere i soldi per il semplice fatto di averli non è una politica oculata, a meno che tu non sia molto ma molto ricco. Se devi sforzarti per trovare il modo di spendere lo stipendio (o la vincita del gratta e vinci), significa semplicemente che non ti serve nulla al momento e puoi mettere da parte il denaro per il futuro: stai sicuro che prima o poi ti servirà!

In quest'ottica risparmiare equivale a guadagnare, perché il risultato sarà sempre lo stesso: più soldi sul conto in banca. Ti assicuro che, se ti focalizzi sull'obiettivo di una grossa ricompensa finale, dover rinunciare a un piccolo piacere ogni tanto non ti consterà nulla. Naturalmente, come in tutte le cose, serve moderazione anche nel risparmiare. Ricorda sempre che i soldi esistono unicamente per essere spesi e il mio obiettivo è farti ottenere il massimo, non privarti dei piaceri quotidiani.

Non serve fare grandi tagli per ottenere dei vantaggi concreti, perché la cosa più importante è senza dubbio la costanza: un caffè in meno al giorno significa una bella vacanza ogni due anni (630 euro), una vita da fumatore può costare come un'auto sportiva (60.000 euro). Pensa a questo: risparmiare equivale a guadagnare, e, se ti trovi con una somma di denaro extra, non sentirti obbligato a spenderla. Non solo ti sentirai più sicuro in caso di un imprevisto finanziario, ma potrai permetterti una grande spesa in più ogni tanto.

Per evitare qualsiasi tentazione, personalmente tengo un fondo di riserva separato dal mio conto corrente principale. In questo fondo metto tutti i soldi dei quali non ho immediatamente bisogno, per evitare di spenderli in acquisti inutili. Ogni paio di mesi circa vado a controllare a quanto ammonta questa mia riserva e decido serenamente se è sufficiente per concedermi uno sfizio un po' più costoso degli altri: risparmiare poco alla volta non mi pesa per niente e arrivare a 500-600 euro non è così difficile come si può pensare.

SEGRETO n. 4: non sei costretto a spendere i tuoi soldi appena possibile, puoi anche metterli via in attesa dell'acquisto perfetto. Non sono necessari grandi sacrifici per mettere da parte un bel gruzzoletto.

E se ho un dubbio?

Nonostante quanto è stato detto sopra, sono sicuro che molto presto ti capiterà la situazione nella quale non saprai se acquistare o no un prodotto: prima di passare al secondo capitolo, voglio che tu abbia le idee chiare sulle tue intenzioni. Sono molte le pubblicità che puntano sull'indecisione dell'acquirente, l'amplificano e infine la sfruttano per vendere un prodotto: se non si hanno le idee chiare in testa, sarà impossibile passare alla fase applicativa con successo.

L'indecisione durante l'acquisto è direttamente proporzionale all'entità dello stesso, in altre parole maggiore è il prezzo e maggiore sarà l'indecisione. Ciò avviene perché il cervello è naturalmente poco propenso al rischio e favorevole alla stabilità, tende a rigettare automaticamente tutto ciò che implica uno sbalzo della situazione attuale. La mente ha quindi paura del cambiamento. Questa dottrina mentale ha funzionato così bene in passato che si è estesa anche al momento successivo all'acquisto, fomentando il rimorso.

Se compri qualcosa quando hai ancora un dubbio, fin dal momento del pagamento sarai tormentato dal rimorso e dall'idea di non aver fatto una scelta saggia. Inutile dire che in una situazione del genere è pressoché impossibile godersi il prodotto comprato, e l'insoddisfazione è garantita. Purtroppo (o per fortuna) per noi, l'unico modo per eliminare il rimorso è quello di eliminare la sua causa: il dubbio. Epurando la tua vita da queste emozioni negative, inizierai a goderti maggiormente tutti gli acquisti, sia quelli grandi che quelli più modesti: è un grande passo avanti per la tua libertà finanziaria.

Questo significa che prima di procedere al pagamento, sarà tua premura eliminare qualsiasi dubbio. Se hai un'indecisione di qualsiasi tipo allora non è mai una buona idea procedere a causa dell'effetto descritto poco sopra. Rifletti un attimo, pensa con calma ai pregi e ai difetti e, infine, prendi una posizione secca che sia sì o no. Se proprio non riesci a deciderti, allora in genere ti consiglio di lasciar perdere: non vuoi trovarti nella situazione di spendere migliaia di euro per non essere poi soddisfatto dell'acquisto, non è vero? Piuttosto aspetta un attimo e salva quel denaro per un altro acquisto del quale sei assolutamente sicuro.

In economia questo principio viene definito **costo opportunità**: è il mancato ricavo di un progetto che farebbe guadagnare molto all'azienda, ma non si può attuare perché non ci sono le risorse finanziarie. Qui ovviamente non sto parlando di progetti e di guadagni, ma di emozioni e di felicità. Fai in modo di avere sempre una riserva di denaro adeguata per poter comprare quello che più ti piace se si presenta un'opportunità ghiotta (come uno sconto), senza per questo trovarti mai con l'acqua alla gola. Se quindi ti trovi a titubare, risparmia per evitare di doverti pentire dell'acquisto azzardato.

SEGRETO n. 5: un acquisto va fatto solo se non dubiti nemmeno per un secondo dell'investimento.

Come usare la lista della spesa

Chi pensa che la famosa lista della spesa serva solo per ricordarsi cosa manca in cucina, si sbaglia di grosso: una sua altra funzione è quella di focalizzare l'attenzione su quello che bisogna comprare e non su quello che il supermercato ci invoglia a comprare.

Dove compili la lista della spesa? A casa ovviamente, di certo non al centro commerciale. Nelle sicure mura domestiche non sei sottoposto all'azione di marketing che invece ti travolgerà una volta entrato in negozio, per questo le scelte che farai saranno più razionali e parsimoniose. Scriverai su quel pezzo di carta solo le cose che ti servono effettivamente, quelle che utilizzi nella tua vita quotidiana: sono quelli e solo quelli gli acquisti che dovrai fare, mentre risparmierai gli altri soldi per qualche altro tipo di spesa.

Il metodo più efficace per compilare una lista della spesa non è quello di scrivere tutto cinque minuti prima di uscire di casa: segna man mano, durante l'arco della settimana, tutte le cose che ti servono e i piccoli sfizi che ti vuoi togliere. In questo modo non rischierai di lasciare fuori niente e, una volta arrivato al supermercato, avrai una lista esatta dei bisogni che hai manifestato dall'ultima volta che hai fatto la spesa. In quest'ottica, quindi, la lista della spesa ha una duplice funzione: permetterti ti ricordare tutto quello che ti serve e lasciare fuori quello di cui non hai bisogno. Io tengo sempre carta e penna in cucina, in modo da poter segnare immediatamente quello che dovrò comprare al supermercato la prossima volta.

Ma è inutile compilare una lista della spesa se poi non sai come utilizzarla: non ti servirà a niente se poi, una volta entrato nel supermercato, non la rispetterai con rigore. Per quanto possa sembrare facile a dirsi, la realtà è diversa: la maggior parte delle persone, anche dopo aver creato una lista della spesa perfetta, si lasciano sedurre dallo sconto di turno o da quel prodotto sapientemente posizionato vicino alla cassa vanificando così un ottimo lavoro iniziale.

È invece molto importante capire che questa fase è la più delicata, perché basta veramente poco per lasciarsi andare a un acquisto inutile. Devi concentrarti sul fatto che, se qualcosa non è sulla tua lista, significa che negli ultimi giorni non hai mai sentito il bisogno di comprarla: il desiderio per quel prodotto si volatilizzerà nel giro di pochi minuti una volta superata la cassa. Non ti preoccupare quindi: il mancato acquisto non lascerà un bisogno latente che ti darà sensazioni negative nei giorni successivi, l'unico risultato sarà quello di avere un po' più di soldi nel portafogli.

Oltre a questo, considera anche un secondo aspetto: la maggior parte dei prodotti esistenti è studiata per creare dipendenza. In altre parole, un acquisto fatto una volta ogni tanto potrebbe trasformarsi in uno abituale, qualcosa di cui non puoi più fare a meno. Sicuramente sei già ora vittima di una dipendenza di questo tipo, eredità di un tuo comportamento scorretto in passato: per il momento evita di cadere in altre tentazioni simili, poi ti insegnerò come liberarti da quelle esistenti.

Un ultimo consiglio che voglio darti è quello di non limitarti a una lista della spesa nella sua accezione più diffusa e praticata, ovvero ristretta solamente agli alimentari o comunque ai prodotti più comuni. Tieni una lista, meglio se separata, anche per tutti i grandi acquisti che stai progettando per il futuro: cellulare, automobile, vacanza e via di questo passo. Definisci con precisione quello che vuoi. Ad esempio: vacanza per due persone di una settimana sul mare della Tunisia. Questo è molto importante per evitare l'effetto deleterio degli sconti fasulli, che ti invogliano ancora di più a comprare quello che non ti serve: sono quei famosi acquisti che compi anche se un prodotto non ti intessa, solo perché è in offerta promozionale.

Solo in un caso puoi variare da quello che hai scritto nella lista: un prodotto alternativo a un prezzo inferiore scontato. Ad esempio: devi comprare il detersivo di marca A che costa 4 euro. Arrivi al negozio e vedi il prodotto B, che solitamente costa 5 euro, scontato a 3 euro. In questo caso puoi optare per la marca B, risparmiando così del denaro. Attenzione: se B è scontato a 4,5 euro, allora non prenderlo. È comunque una spesa in più!

SEGRETO n. 6: compila una lista della spesa e rispettala, in questo modo risparmierai su tanti acquisti inutili.

Ti faccio i miei complimenti: hai finito di leggere il primo capitolo di questo ebook e hai imparato qual è la mentalità giusta per trasformarti da cicala a formica. Se sei veramente motivato, sono sicuro che hai già appreso e interiorizzato i concetti che ti ho appena spiegato.

Hai appena costruito la base necessaria per riuscire a ridurre le spese senza intaccare la qualità della tua vita: prima di iniziare a leggere, eri sicuramente convinto che risparmiare comportasse dei sacrifici, mentre adesso sai che non è così. L'importante è sapere dove si può tagliare e dove invece dovresti continuare a spendere il tuo denaro, un po' come succede per le diete di dimagrimento: devi continuare a mangiare, devi solo farlo un po' di meno e in maniera più sana.

Probabilmente all'inizio avrai delle difficoltà ad applicare questi concetti alla tua vita quotidiana, perché dovrai comunque rinunciare a qualcosa. Questo è vero, ma non è detto invece che debba pesarti: la mente umana ha un'incredibile capacità di adattamento, e ti assicuro che entro un mese il nuovo regime che ti stai imponendo non ti peserà nemmeno più. Eppure, ti troverai con un po' di soldi extra a fine mese. Devi solo mantenere la giusta motivazione per dare uno strappo netto con il passato e importi delle regole.

Per concludere il capitolo, voglio fare un esempio personale che ti faccia capire come ho utilizzato le tecniche che ti ho spiegato fin qui e a che risultato mi hanno portato. Anzitutto, io non ho un lavoro a tempo pieno: sono verso la fine del mio percorso di studi universitari e, visto che voglio finire il più rapidamente possibile, non ho tempo per dedicarmi a un'attività lavorativa quotidiana. Faccio sì qualche lavoro minore, ma non guadagno niente che si possa paragonare a uno stipendio fisso. Tuttavia, si può dire che io sia un risparmiatore naturale e mi piace soppesare attentamente le mie spese.

Ad ogni modo, non mi faccio mancare niente e la qualità della mia vita non è assolutamente influenzata da questa mentalità. Ci tengo a precisare, inoltre, che non sono nemmeno un taccagno: credo sia una delle cose più odiose in cui ci si possa imbattere e, se hai avuto l'impressione che risparmiare significhi assumere il ruolo della sanguisuga nel tuo gruppo di amici, hai frainteso le mie parole. Nonostante conduca una vita assolutamente dignitosa, riesco a mettere via un po' di soldi ogni mese e a permettermi ogni tanto di soddisfare le mie passioni. Sono un collezionista di statue di draghi (come forse sai il collezionismo non è una passione economica), e proprio in questo periodo ho perfezionato l'acquisto di un oggetto al prezzo di 800 €.

I miei amici mi credono un pazzo e mi chiedono sempre come faccia ad avere così tanti soldi nonostante la mancanza di un lavoro a tempo pieno. E io rispondo sempre: «Basta saper risparmiare!» Non c'è dubbio che senza le tecniche presenti in questo ebook non sarei mai arrivato a un risultato così importante.

E così, come ci sono riuscito io, ci puoi riuscire anche tu. Adesso hai la mentalità giusta per iniziare, ma la convinzione da sola non basta: ora ti illustrerò gli strumenti con i quali potrai realizzare la piena felicità e libertà finanziaria.

RIEPILOGO DEL CAPITOLO 1:

- SEGRETO n. 1: ancora prima di cominciare, trova la motivazione per portare a termine quello che inizi.
- SEGRETO n. 2: non importa quanti soldi hai, quello che conta è come li usi per raggiungere la felicità.
- SEGRETO n. 3: i soldi acquistano un valore maggiore se li usi per acquisti mirati. Sapere cosa vuoi è il primo importante passo verso la felicità.
- SEGRETO n. 4: non sei costretto a spendere i tuoi soldi appena possibile, puoi anche metterli via in attesa dell'acquisto perfetto. Non sono necessari grandi sacrifici per mettere da parte un bel gruzzoletto.
- SEGRETO n. 5: un acquisto va fatto solo se non dubiti nemmeno per un secondo dell'investimento.
- SEGRETO n. 6: compila una lista della spesa e rispettala, in questo modo risparmierai su tanti acquisti inutili.

CAPITOLO 2:
Come Risparmiare Grazie all'Economia

Bene, ora sai tutto sulla mentalità necessaria per risparmiare. La maggior parte delle persone si ferma ben prima di dove sei già arrivato tu, desiderando semplicemente di spendere meno senza però avere gli strumenti giusti per farlo e senza la voglia di investire tempo e fatica per realizzare l'obiettivo. Ora che hai acquisito queste prime importanti nozioni, inizieremo con la fase applicativa del corso: in questo secondo capitolo ti insegnerò a conoscere l'economia e a usare le stesse strategie applicate dalle aziende, per capire in quali ambiti della tua vita puoi risparmiare.

Ovviamente io non posso sapere dove puoi limare le spese, ma questo non significa che starò con le mani in mano a vedere come te la cavi: qui ti fornirò gli strumenti adeguati per capire, in maniera autonoma, dove e, soprattutto, come migliorare. Ricorda sempre che questi strumenti ti serviranno a ben poco senza la determinazione necessaria: se non ne hai abbastanza, torna a rileggere la prima parte dell'ebook!

Questo capitolo ti insegnerà come articolare un piano di risparmio efficace: come ho già detto la volontà è molto importante, ma deve essere supportata da una strategia attenta e ben curata. Senza di essa, i successi che potrai ottenere saranno limitati a causa di due elementi:

- **la quantità del risparmio**: senza l'ausilio di analisi e strumenti adatti, la mente umana non è in grado di pensare razionalmente. E non c'è nulla di più razionale dell'economia. Per questo nei secoli gli economisti hanno sviluppato dei sistemi in grado di limitare l'irrazionalità del cervello e io li utilizzerò per farti ottenere un vantaggio concreto nella gestione del tuo denaro;
- **la qualità del risparmio**: prima di risparmiare con razionalità, devi sapere con esattezza quanto spendi ogni mese e dove vanno a finire quei soldi. Senza questa vitale informazione rischierai di tagliare i fondi a quelle attività che ti fanno piacere, riducendo così il tuo benessere e la tua felicità. Non è questo l'obiettivo del corso e ti darò gli strumenti per evitare di farlo. Ti ho già indirizzato sul giusto percorso nel primo

capitolo, e qui nel secondo ti fornirò gli strumenti per andare avanti senza sbandamenti.

Una volta arrivato a fine capitolo, avrai tutti gli strumenti necessari per iniziare a migliorare la tua vita finanziaria, ma te lo ripeto ancora una volta: i grandi risultati si ottengono solo con dei sacrifici!

Fortunatamente per te, in questo caso i sacrifici non sono così drammatici: dovrai solo fare il primo passo e iniziare, dopo di che ti accorgerai anche tu che, man mano che il tempo passa, le cose si faranno più semplici e la tua libertà finanziaria aumenterà esponenzialmente. Qui ti insegnerò anche le basi per creare il tuo primo bilancio, riprendendo i principi utilizzati dalle grandi aziende per monitorare costi e ricavi, che ti spiegherò meglio nel report gratuito allegato all'ebook.

Nozioni di economia

Lo so, questi concetti sono assai noiosi, ma una minima infarinatura di economia è necessaria. Ti aiuterà a capire meglio i meccanismi che regolano l'acquisto assumendo l'ottica delle aziende. Se voglio rendere questo manuale completo sotto ogni punto di vista, non posso non introdurti al mondo dell'economia e del marketing. Capire come funziona il processo di compravendita ti permetterà, man mano che vai avanti a leggere questo capitolo, di assimilare più facilmente tutte le nozioni e gli strumenti che ti fornirò.

Non ti preoccupare, comunque: tutti i concetti saranno esposti in maniera semplice e graduale, non ti trovi di fronte a un noiosissimo manuale di marketing. L'obiettivo è quello di permetterti di fare il salto dall'ottica dell'acquirente, quella che hai usato nella tua vita fino a ora, a quella del venditore. Questo cambio di prospettiva è il primo e necessario passo per risparmiare veramente con la psicologia, utilizzando quelle stesse tecniche che gli esperti di vendita usano per farti comprare più del necessario a un prezzo più alto.

Sono le stesse tecniche che utilizzo io, e che ho sviluppato durante i miei studi universitari. «Conosci il nemico come conosci te stesso. Se farai così, anche in mezzo a cento battaglie non ti troverai mai in pericolo» è la frase di Sun Tzu con la quale ho aperto l'ebook, e che ora trova la sua applicazione più importante. Una massima che non va applicata solo alla strategia militare, ma a tutti gli ambiti della nostra vita: è importante conoscere almeno in parte le strategie e l'ambiente nel quale le aziende sono immerse. È importante per riuscire a contrastare efficacemente il loro potere su di noi.

Per questa ragione i paragrafi che seguono sono una sorta di preparazione che ti permetterà di trarre il massimo da questo capitolo. Ti consiglio di leggerli anche se non sei interessato all'argomento: ti torneranno molto utili molto in fretta.

Cos'è un settore?

Il primo concetto che reputo importante chiarire è quello di settore. Un settore è un gruppo di prodotti con caratteristiche simili. Per fare un esempio, esiste il settore dell'automobile e quello delle scarpe. La cosa più importante da sapere quando si parla di settore è che i prezzi e le strategie delle varie marche che lo formano sono influenzate dai prezzi e dalle strategie dei concorrenti, ovvero da tutte le marche che sono presenti in quello stesso settore. Quindi, il prezzo delle scarpe Nike è influenzato dal prezzo delle scarpe Adidas, e vice versa.

Un singolo settore, però, è molto vago: pensa a quanti prodotti diversi esistono nel settore delle auto e capirai che la suddivisione non è proprio delle più precise: si va dalle utilitarie alle Lamborghini. Per questo si è introdotta una nuova suddivisione più specifica rispetto al settore: il segmento.

Un segmento è un sottoinsieme di aziende che fanno affari nello stesso settore, e i loro prodotti hanno caratteristiche simili. Esisterà, quindi, il segmento delle automobili sportive e quello delle scarpe da tennis. Qui valgono le stesse regole che ho spiegato poco sopra per il settore, ma in maniera ancora più forte: nello stesso segmento le diverse imprese si influenzano a vicenda in maniera anche molto marcata.

Settori e segmenti non sono a compartimenti stagni, ma si influenzano l'un l'altro e vengono influenzati da centinaia di fattori esterni. Quando vai a fare la spesa dai un'occhiata ai prezzi dei prodotti simili e cerca una correlazione, noterai sempre il solito schema: un prodotto che dà l'immagine di essere di alta qualità costa di più, un prodotto che fa dell'economia il suo punto di forza avrà un prezzo inferiore. Però non è affatto detto che il primo abbia un costo di produzione superiore, anzi può essere il contrario!

Cos'è un prodotto?

Il secondo importante concetto che voglio illustrare è quello di prodotto. Un prodotto è, non mi sembra quasi il caso di dirlo, ciò che viene venduto. Attenzione però, perché la definizione non è così banale come potrebbe apparire a prima vista: se non sai con esattezza cos'è un prodotto, riuscirai a difenderti solo in parte dalle trappole mentali della pubblicità. Ricorda cosa disse Sun Tzu: «Conosci il tuo nemico».

Quando pensi a un prodotto, cosa ti viene in mente? Un bicchiere, un'automobile, una torta e così via. Pensi solo a dei prodotti fisici, materiali, ma questa definizione è molto ristretta rispetto a quella vera. Questi non sono che una piccola parte di tutti i prodotti esistenti e vengono definiti beni materiali. Sono gli oggetti che puoi toccare con mano, che puoi vedere o anche solo annusare (come un profumo).

Ci sono altre due sottoinsiemi che rivestono un'importanza pari, se non superiore, a quella dei beni: i servizi e i servizi accessori. I servizi sono anch'essi dei prodotti, ma immateriali: ciò significa che quello che acquisti non lo puoi toccare con mano, ma sei comunque disposto a pagarlo anche profumatamente perché ti serve o ti dà felicità. Pensa, ad esempio, a un concerto del tuo cantante preferito: non ricevi nulla di materiale, ma le emozioni che ti suscita sentire dal vivo quel particolare gruppo ti spinge comunque ad acquistare il biglietto. A livello fisico, l'unica cosa che hai in mano è un pezzo di carta (il biglietto stesso).

Potrai dire: ma in un concerto c'è anche l'apparato fisico: lo stadio o arena dove si svolge il concerto, le casse, le sedie e così via. Certo, ma non è questo che paghi: una volta finito il concerto non ti porti a casa una sedia per rifarti del prezzo del biglietto, ti basta aver ascoltato della buona musica. L'unica cosa che differenzia i servizi dai beni è la mancanza di un prodotto tangibile, mentre le strategie di marketing sono le medesime: per questo, parlando di prodotto, mi riferirò d'ora in poi sia ai beni che ai servizi indistintamente, a meno che non sia specificato altrimenti.

I servizi accessori si collocano a metà strada fra le due categorie sopra menzionate: sono dei servizi e sono quindi immateriali, ma servono unicamente ad accompagnare un bene fisico. Prendi ad esempio l'automobile: all'acquisto ti viene sempre dato almeno un anno di garanzia contro rotture e difetti di produzione. Questa garanzia è un servizio accessorio.

Bisogna stare attenti ai servizi accessori, perché molto spesso vengono usati come stratagemma per aumentare il prezzo: tendenzialmente produrre questi servizi costa veramente poco, ma le compagnie li fanno pagare di più perché fanno credere al cliente di trovarsi di fronte a un prodotto di altissima qualità. Sfruttando questo principio, gli optional di un'auto possono arrivare a costare il doppio di quanto li pagheresti se li acquistassi per conto tuo (ed è proprio quello che mi successe di vedere proprio l'anno scorso).

Ci sono due tecniche di difesa a seconda delle caratteristiche del servizio accessorio:

- se l'utilizzo del servizio accessorio è obbligatorio, allora valuta attentamente se esso incide sul costo del bene in sé.

Guardati intorno: con tutta probabilità potrai trovare un'azienda che vende lo stesso prodotto a prezzo inferiore, senza l'inutile servizio accessorio a gonfiare il prezzo di listino;

- se invece puoi scegliere se usufruire del servizio accessorio o no, fai una scelta ponderata: alcune volte conviene, mentre altre è meglio lasciar perdere. Potresti anche accorgerti che quello stesso servizio è offerto da un'altra parte a un prezzo inferiore!

Spesa o investimento?

Giacché questo manuale tratta di come risparmiare soldi, è una buona idea identificare innanzitutto cosa si intende per risparmiare e cosa invece voglio lasciar fuori dalla guida. Lo farò facendo un'ulteriore distinzione economica: quella fra spesa e investimento. Quello che mi sono proposto di fare qui è di aiutare le persone a spendere meno per godersi di più la vita, e sono sicuro che a questo punto sei in grado di muovere i primi passi.

Tuttavia, vi è una netta differenza fra la spesa, trattata in questo ebook, e l'investimento, che invece lascio a libri più tecnici. Si tratta di due categorie ben distinte che seguono logiche diverse e hanno obiettivi differenti, quindi sapere la differenza ti permetterà di evitare gravi errori di valutazione che potrebbero costarti veramente tanto.

Mi sai dare una definizione di spesa? Potresti pensare a qualcosa come «il costo di acquisto di un prodotto», ma in questa categoria rientrerebbero anche gli investimenti. La definizione corretta è «il costo di acquisto di un prodotto comprato per il consumo diretto», e questa apparentemente piccola differenza cambia molte cose: è, infatti, la principale differenza fra un consumatore e un'azienda.

Se, infatti, un prodotto non viene acquistato per il consumo, l'alternativa è solo una: rivenderlo. Acquistare e rivendere prodotti o servizi è l'attività che caratterizza tutte le aziende, in un modo o nell'altro. Il mondo del business segue delle regole tutte sue, diverse da quelle che possono essere consigliate a un compratore normale. Con questo manuale non voglio nemmeno accennare a queste problematiche: esulano completamente dal mio obiettivo e richiederebbero una trattazione a parte.

Voglio mettere questo punto particolarmente in rilievo, perché non voglio che tu applichi i principi che puoi leggere in questo ebook nella tua attività commerciale. Quindi, la regola è la seguente: se acquisti qualcosa per usufruirne direttamente, ascolta quello che ti dico, se invece la vuoi rivendere o farla entrare nella tua azienda, non considerare questi consigli.

SEGRETO n. 7: conoscere le basi dell'economia ti aiuta a capire i meccanismi che si celano dietro al prodotto e a contrastarli efficacemente.

Comprare oggi per usare domani

Noi italiani, come è stato già ampiamente dimostrato dalle statistiche, siamo fra i popoli più risparmiatori del mondo. Applichiamo fino alle estreme conseguenze il concetto, salutare se visto da un certo punto di vista, del «non si sa mai».

Questo ci porta ad accumulare molto di più rispetto alla media europea. Questo non è vero solamente per quanto riguarda il denaro, ma anche per i prodotti: basta vedere un'offerta per pensare «prima o poi mi serve, quindi perché non approfittarne?».

Sto parlando di tutti quegli acquisti impulsivi fatti non quando il prodotto ti serve effettivamente, ma in previsione di un ipotetico bisogno futuro. Qualcosa che non avresti preso se non fosse stato in offerta, come bottiglie di scorta per l'olio della macchina. Questo i pubblicitari lo sanno bene e hanno quindi introdotto gli sconti per stimolare acquisti poco pensati e sostanzialmente inutili.

Ho fatto anche io questo errore: nel mio tempo libero mi piace rilassarmi con dei videogiochi per computer e quindi acquisto di tanto in tanto i titoli che mi sembrano più meritevoli. Recentemente un negozio online chiamato Steam ha iniziato a fare sconti esorbitanti: dal 50 fino al 90 per cento! Niente male ho pensato, e ho iniziato a comprare decine di giochi a pochi euro l'uno.

Dopo un po' mi sono fermato, ho guardato il mio catalogo (che ormai contava una settantina di nuovi titoli) e mi sono reso conto di essere stato fregato dal marketing: la maggior parte di quei giochi non li avrei mai comprati a prezzo pieno. E non importa che li abbia pagati 5 € invece che 50 €, una veloce occhiata all'estratto conto della mia carta di credito mi ha rivelato l'amara verità: avevo speso in un mese quello che di solito spendo in un anno!

Solo allora mi sono reso conto del grande errore che avevo commesso, e ho deciso che non avrei acquistato più di un gioco ogni due mesi su Steam. Per evitare di incorrere nello stesso sbaglio, ecco il mio consiglio: segna sempre dove vanno a finire i tuoi soldi, in questo modo potrai correre ai ripari molto più velocemente. Non importa quanto è allettante lo sconto, pagare per un prodotto che non si userà mai è sempre uno spreco di soldi. Con tutta probabilità non giocherò mai a tutti i giochi che ho comprato, e questo è un chiaro esempio di come gli sconti possano fare più male che bene.

Quando si compra un prodotto anche se non se ne sente la necessità immediata, per il semplice fatto che potrebbe tornare utile in futuro, ci si accolla sempre una dose di rischio non indifferente. Essa è relativa al fatto che potresti non utilizzare quello che hai comprato e in questo modo perdere i soldi che hai investito.

Non farlo: acquista quello che ti serve o quello che sai che ti servirà a breve, non utilizzare la corrente filosofica del non si sa mai: forse risparmierai grazie a uno sconto, è vero, ma sarà tutto inutile se il prodotto resterà a far povere sul tuo scaffale per sempre.

Se non mi credi, prova a pensare attentamente a quello che hai fatto in passato, a cosa hai comprato di inutile: magari hai usufruito di un prodotto acquistato solo perché aveva quel -50 per cento sul prezzo di cartellino, ma ti serviva veramente? Con tutta probabilità, la risposta è no: vedere la riduzione di prezzo ha fatto scattare in te un bisogno immediato, la sensazione che senza l'acquisto avresti perso qualcosa di importante per la tua felicità, insomma un'occasione d'oro.

Possono essere acquisti da pochi euro come da svariate centinaia di euro, ma il principio è il medesimo: il bisogno scaturisce nel momento in cui vedi lo sconto e tenderà a svanire cinque minuti dopo. Il problema è che quei cinque minuti di impulsività sono sufficienti per compiere un acquisto: l'esempio classico è quello dei prodotti scontati alla cassa del supermercato, che costano così poco da non richiedere al cliente un grande ragionamento prima dell'azione.

Mentre ero in coda alle casse, spesso facevo cadere l'occhio sui vari prodotti che sono lì esposti: beh, molte volte mi capitava di mettere qualcosa nel carrello senza nemmeno accorgermene! Questo comportamento è andato avanti per diverse settimane prima che mi accorgessi di quanto la cosa era dannosa per le mie tasche.

È per questo che una lista della spesa è molto importante. Stai inoltre attento agli acquisti di beni che ti torneranno sì utili, ma fra molto tempo. Questo è un concetto che viene insegnato a economia e che potrebbe suonare male al di fuori dell'ambiente economico: i soldi perdono di valore con il tempo. Non sto parlando dell'inflazione, ovvero il fatto che i prezzi tendono naturalmente a salire nel corso degli anni, bensì del cosiddetto costo - opportunità.

Cos'è il costo - opportunità? È il costo che comporta il privarsi di una certa quantità di denaro prima del dovuto. Faccio un esempio per chiarire meglio. Sai che fra un anno farai un bel viaggio a New York e, quando mancano ancora 12 mesi alla partenza, prenoti e paghi il biglietto aereo (ammettendo che il prezzo rimarrà stabile fino al giorno prima del decollo): adesso hai diverse centinaia di euro in meno, ma non beneficerai dell'esborso prima di un anno.

In altre parole, per un anno quei soldi sono come buttati via e ti torneranno utili fra molto tempo. È, invece, molto più saggio comprare qualcos'altro adesso e prendere i biglietti per gli Stati Uniti solo a ridosso della partenza. In questo modo potrai godere immediatamente di quello che compri, evitando inutili ritardi fra il pagamento e il beneficio che ne comporta. Stai quindi attento a posticipare troppo l'utilizzo dei prodotti acquistati: ammesso che prima o poi li utilizzerai, non avrai comunque fatto un buon affare.

SEGRETO n. 8: compra solamente i beni che userai immediatamente o nel prossimo futuro, non comprare in base a quello che potrebbe servirti fra un anno.

La bellezza della fascia media

Il termine “fascia media” viene usato spesso nell’informatica per descrivere un prodotto che sta a metà fra l’economico e il costoso. È quella che valorizza maggiormente l’acquisto e, di conseguenza, i soldi che vengono spesi. In questo paragrafo ti spiegherò perché la fascia media è così importante e come si ripercuote tutto ciò sulla tua soddisfazione e sulla tua felicità. Per meglio capire il concetto, analizzerò per te i due estremi di ogni settore: il prodotto più economico e quello più costoso. Utilizziamo come riferimento il mercato delle scarpe da ginnastica (con il quale, immagino, tutti abbiano un po’ di confidenza).

Pensate al modello meno costoso in assoluto: marca sconosciuta, qualità infima, brutta da vedere, suola molto dura, materiali scadenti. Ed entro pochi mesi inizierà inesorabilmente a deteriorarsi, costringendoti a comprare un nuovo paio di scarpe molto prima del previsto. Un acquisto del genere, per quanto svolga la sua funzione primaria di scarpa, lascia un senso di insoddisfazione nel cliente. È vero, l’esborso è stato minimo, ma a che prezzo? Nonostante la spesa risicata, si lascerà il negozio con l'amaro in bocca e allora il mio giudizio non può che essere uno: l'acquisto è sbagliato. Quando acquisti un prodotto devi sentirti completamente appagato e sicuro di aver speso i soldi in qualcosa che ti dà delle soddisfazioni. In questo caso la sensazione di soddisfazione non c'è e questo significa che sostanzialmente hai buttato via il tuo denaro.

Ma ora cambiamo completamente fronte e andiamo all'estremo opposto: il prodotto costosissimo, il meglio che si può trovare in circolazione. Una scarpa bellissima, di marca, così comoda che sembra di camminare sopra a un cuscino. Indossarla per qualche secondo al negozio ti fa pensare con un sorriso a quanto sarebbe bello portarla sempre. Forse per una scarpa da ginnastica sto esagerando un po', ma il concetto è questo. Ammettiamo adesso che tu acquisti tale fantastica scarpa: spendere una cifra così imponente come ti fa sentire? Sicuramente in colpa, perché quei soldi avresti potuto investirli in altre attività molto più divertenti.

Quindi esci dal negozio con un senso di insoddisfazione, proprio come è successo quando hai comprato il modello economico. La conclusione è la stessa: non hai ancora la mentalità giusta. La soluzione, sta nel mezzo: un ponderato compromesso fra prezzo e qualità ti permetterà di avere qualcosa di dignitoso anche senza spendere cifre da capogiro e, cosa più importante, ti regalerà delle sensazioni positive in ogni caso. Per farti capire meglio, ecco un grafico che spiega come varia il rapporto qualità/prezzo al variare del costo di un prodotto:

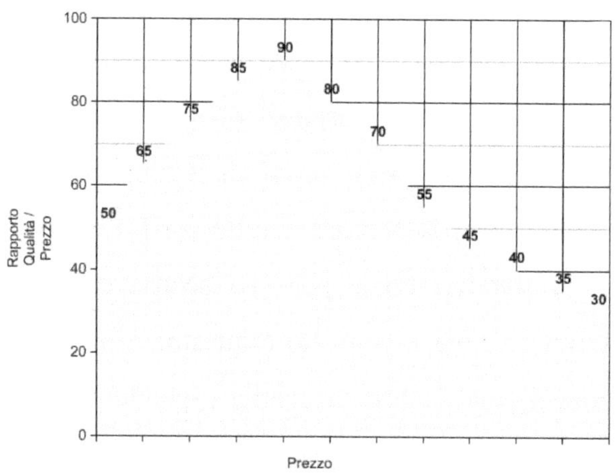

Come puoi vedere, al prezzo più basso la convenienza è solo discreta. Man mano che il prezzo aumenta, però, la qualità aumenta a dismisura: questo avviene perché a un piccolo incremento di prezzo equivale un grande aumento della qualità del prodotto. Il rapporto fra qualità e prezzo continua a salire fino a quando non si raggiunge il picco e inizia poi a scendere: significa che per ottenere dei benefici limitati sarai costretto a sborsare parecchi soldi in più. I modelli di punta, per quanto eccellenti sotto ogni punto di vista, sono troppo costosi per essere convenienti. Personalmente ho imparato che la fascia media è, nella maggior parte dei casi, la scelta migliore quando si vuole comprare qualcosa. L'ho imparato nei numerosi acquisti che ho fatto e confrontando i prezzi a listino di moltissimi prodotti esistenti.

Me ne sono accorto per la prima volta nell'informatica, ambiente che seguo molto: i componenti per computer seguono sempre il modello che ti ho appena esposto. La potenza di un computer non è soggettiva e può essere misurata con precisione tramite alcuni test: essi hanno chiaramente dimostrato che un prodotto a metà fra l'economico e il costoso offre sempre il migliore rapporto fra qualità e prezzo.

È però bene spiegare in maggiore dettaglio quali sono i prodotti che possono rientrare nella cosiddetta fascia media e come essa varia a seconda del tipo di acquisto che facciamo. L'importanza di questa categoria di prodotti cresce al crescere del prezzo medio di acquisto, ovvero il costo di una determinata categoria di prodotti. Ciò significa che “mancare” la fascia media quando si acquistano i grissini è un conto, se invece si deve comprare un’automobile si potrebbero buttare via soldi nell’ordine delle migliaia di euro.

Non solo: con l’aumentare del prezzo, la variazione di prezzo fra le diverse fasce si dilata notevolmente. Prendi sempre l’esempio della macchina, dove passare al modello successivo costa migliaia di euro; di contro, con delle scarpe da ginnastica si può prendere di meglio già con qualche decina di euro in più.

Come riconoscere la fascia media e come centrarla sempre senza sbagliare un colpo? A dir la verità non ci sono calcoli matematici da applicare o modelli fissi da seguire, perché tutto si rifà unicamente alla tua mente e alla tua psicologia: devi scegliere il prodotto che senti più adatto a te, senza farti forviare dalla pubblicità.

Una buona idea è quella di delimitare le due fasce opposte, ovvero la più economica e la più costosa, e poi restringere gradualmente il campo della tua ricerca. Eliminando pian piano i prodotti troppo costosi e troppo scadenti, in breve restringerai la scelta a un numero limitato di opzioni. Finita la fase della scrematura, è il momento di scegliere: nella maggior parte dei casi il prodotto da scegliere è quello più economico rimasto nella lista.

La regola, seppur spesso valida, a volte può subire delle modifiche verso il basso: questo significa che potrebbe essere meglio prendere il prodotto più economico in assoluto, perché dopotutto non ha grandi svantaggi. Non posso fare un esempio universalmente valido, perché si basa unicamente sui gusti personali. Io, ad esempio, non seguo per niente la moda e non mi interessano i vestiti firmati, quindi la camicia più economica che trovo al mercato può andare più che bene: è bella da vedere e la posso usare anche al lavoro, in più è la meno costosa che si può trovare.

Se a te piace avere dei vestiti di qualità, non sei d'accordo, ma anche tu riuscirai a trovare dei settori nei quali vale la pena puntare al massimo risparmio. Sono tutti quei prodotti per i quali non senti alcun bisogno di spendere per avere una maggiore qualità.

SEGRETO n. 9: la maggior parte delle volte, il miglior prodotto che puoi acquistare è a metà fra il troppo scadente e il troppo costoso. Cerca sempre una via di mezzo fra i due.

Il potere della marca

Le grandi marche fanno veramente di tutto per farsi notare e farsi comprare da più gente possibile: spendono milioni di euro in pubblicità di tutti i tipi, propongono abbonamenti, addirittura pagano le catene di supermercati per avere una posizione più visibile sullo scaffale. Tutte queste cose, va da sé, non sono affatto gratuite.

Per recuperare l'investimento le firme più pregiate non esitano a rincarare il prezzo del proprio prodotto, anche senza che esso abbia un effettivo vantaggio rispetto alla concorrenza e, ciò nonostante, sono sicuri che per effetto della pubblicità il prodotto venderà lo stesso tantissimo. Questa non è affatto una buona cosa per le nostre tasche, visto che siamo costretti a pagare di più per avere alla fine la stessa cosa.

Anzi, a volte addirittura peggiore: secondo una recente ricerca di Altroconsumo eseguita sui polli surgelati, è risultato che le marche più blasonate sono in realtà quelle con la qualità del prodotto più scadente in assoluto; al contrario, le marche del supermercato, o comunque meno conosciute, propongono della carne di ottima qualità a un prezzo contenuto.

E allora perché le grandi industrie riescono ancora a vendere di più? Il potere della pubblicità è enorme, perché fa leva sulla psicologia: basta far credere al consumatore che il proprio prodotto sia il migliore, e la mente sarà più che felice di cancellare qualsiasi evidenza volta a dimostrare il contrario. I trucchi psicologici utilizzati in questo settore sono molti, ma vorrei soffermarmi in particolare su uno: il pregiudizio.

Anche le persone che credono di esserne estranee, in realtà hanno centinaia di pregiudizi sulla maggior parte delle cose che le circondano nella vita quotidiana. Non è nemmeno possibile cancellarli o prevenirli in alcun modo, perché per il cervello creare pregiudizi o prime impressioni è naturale come respirare.

Discende addirittura dall'istinto degli animali e permette di apprendere le nozioni pratiche in maniera più immediata: se mi scotto con un fornello, saprò che il fuoco scotta e quindi avrò creato un pregiudizio sul fuoco. Ma così come tutti i procedimenti celebrali, anche il pregiudizio talvolta sbaglia. E così come qualsiasi altra cosa, anche questo errore è preso in mano dai pubblicitari e sfruttato al massimo.

È così possibile, e anzi abbastanza semplice, creare un'impressione, un pregiudizio di un prodotto prima che lo si sia effettivamente provato: in questo modo, il giudizio finale è già deciso ben prima della sperimentazione vera e propria. La conseguenza è che i polli più scadenti e più costosi sono anche i più venduti e nei sondaggi la gente li trova effettivamente più gustosi.

Fortunatamente per liberarsi dai pregiudizi sulla marca basta effettuare qualche test cieco, un procedimento che viene spesso utilizzato dalle aziende per verificare l'effettiva qualità di un bene rispetto a un altro, senza che i soggetti testati vengano influenzati dalla pubblicità che è stata fatta da ambo le parti.

Prendi prodotti simili di marche diverse (ad esempio cinque polli surgelati), rimuovi qualsiasi richiamo alla marca stessa e provali tutti in sequenza. Senza conoscere la marca ora puoi valutare la qualità dell'oggetto in sé, e solo dopo lo ricondurrai al nome del produttore. Consiglio di eseguire questo test in due: uno che effettivamente prova, e uno che tiene traccia della marca di ciascun prodotto. Questo procedimento funziona molto bene con i prodotti alimentari, perché sono facilmente intercambiabili e nascondere la marca non è difficile. Al contrario è difficile, e anzi quasi impossibile, utilizzare il test cieco quando cerchi un giudizio estetico, perché in tal caso è proprio la marca a giocare un ruolo di primo piano.

Se provi questi test su tutti gli acquisti che maggiormente incidono sul tuo bilancio, ti accorgerai che la maggior parte delle volte non c'è una forte relazione fra la qualità di un prodotto e la fama del suo produttore o sponsor (e quindi il prezzo). Anzi, così come successo nell'esperimento di Altroconsumo, potresti ritrovarti con delle grandi sorprese. Sfrutta questi esperimenti a tuo vantaggio per trovare beni di marchi minori a prezzi molto concorrenziali senza rinunciare alla qualità, così da non farti più influenzare dalla forza della pubblicità.

Naturalmente fare dei test ciechi completi comporta talvolta una spesa iniziale, che non è sempre sostenibile. La situazione si riscontra spesso in prodotti molto costosi, per i quali risulta difficile comprare due o più marche. In questo caso puoi semplicemente provare ad acquistare un solo prodotto, più economico, e testarne la qualità rispetto a ciò che prendi di solito. Provare ed esplorare nuove alternative è fondamentale per la tua crescita personale non solo quando si tratta di risparmiare, soprattutto quando nel peggiore dei casi tornerai alla vecchia e migliore abitudine.

Solo un appunto voglio fare quando fai un esperimento del genere e trovi qualcosa di più economico, ma allo stesso tempo qualitativamente inferiore: ricorda che con il tempo il cervello si abitua ai cambiamenti di qualsiasi tipo e nel giro di qualche settimana non ti renderai più nemmeno conto di aver abbassato la qualità. L'unica cosa che noterai sarà il risparmio che otterrai!

SEGRETO n. 10: con i test ciechi riuscirai a capire qual è il

prodotto più adatto a te, senza farti influenzare dalla pubblicità e dalla notorietà della marca.

Il potere della pubblicità

Secondo una ricerca del 2008, la spesa mondiale in pubblicità è di 385 miliardi di dollari americani all'anno: una cifra non indifferente, ben al di là di qualsiasi motivazione logica. La verità è che il marketing funziona molto bene, tanto che nelle imprese più importanti la spesa per la pubblicità costituisce da sola la metà delle uscite totali. Naturalmente, le grandi marche non spenderebbero mai una cifra del genere se non fossero sicure di poter guadagnare ancora di più. Il ritorno degli investimenti in pubblicità consiste nella certezza che si potranno vendere più prodotti, con tutti i vantaggi a ciò correlati.

Questo è inutile da sapere per il consumatore. Ben più importante è invece l'altro vantaggio della pubblicità: permette di innalzare il prezzo di vendita. Le ragioni che stanno dietro all'incremento del prezzo sono molteplici e hanno tutte una motivazione di tipo psicologico. Nel presente capitolo voglio quindi spiegarti quali sono queste tecniche, per darti una visione generale del problema e di come risolverlo.

Il compito più importante di tutte le pubblicità è quello di far credere ai potenziali clienti che il prodotto reclamizzato valga molto di più rispetto alla concorrenza, permettendo quindi di innalzare il prezzo finale e aumentare considerevolmente i guadagni. L'effetto psicologico che viene utilizzato maggiormente, per quanto non sia l'unico, è quello dell'induzione mentale: se ripeti qualcosa a qualcuno all'infinito, prima o poi finirà per crederci.

È un po' quello che succede, seppur a un livello diverso, nella propaganda politica: i mezzi di informazione e le personalità di spicco dicono tutti la stessa cosa, e nel corso degli anni tutti finiranno per crederci. Quindi, se la pubblicità ti dice che la Coca Cola è meglio della Pepsi, molto probabilmente lo darai per vero dopo qualche anno.

Un altro effetto è quello sociale: tutti fanno qualcosa, quindi devi farlo anche tu. Tutti hanno un iPod della Apple, quindi devi averlo anche tu, nonostante costi più della concorrenza e non offra chissà quale gran vantaggio. Se non lo acquisti, ti sentirai retrogrado e magari anche escluso e, pur di evitare la sensazione negativa, sei disposto inconsciamente a spendere di più.

Questo avviene anche quando la sensazione negativa è solo fittizia: le pubblicità sono eccellenti nel farti credere che il mancato acquisto avrà ripercussioni dannose sulla tua vita e la tua felicità, anche se questo non è affatto vero. È importante rendersi conto che l'influenza della pubblicità, sotto qualsiasi forma, è molto potente e aggirarla è un miraggio. Anzi, credere di essere troppo esperti per cadere in uno di questi trucchi induce ad abbassare la guardia, rendendo l'effetto persuasivo ancora più imponente.

Voglio quindi raccomandarti di fare un passo indietro e realizzare con umiltà di essere sempre sulla difensiva, solo così riuscirai a proteggerti al massimo delle tue possibilità. Anche perché risulta molto difficile contrastare queste tecniche, proprio per via della loro grande eterogeneità. Io stesso, che studio l'economia da anni, non penso nemmeno lontanamente di potermi liberare da questi effetti. Anzi, più studio e più mi rendo conto di quanto ciò sia impossibile! Ma non ti preoccupare: come ti ho già detto, non significa che siamo totalmente indifesi. Nel percorso guidato che stai affrontando imparerai, sia a livello conscio che inconscio, a creare una barriera protettiva efficace.

Come ti ho già detto nel paragrafo precedente, un grandissimo punto di forza delle firme più pregiate risiede nel marchio: un marchio forte associato a qualcosa di positivo aumenta sensibilmente il valore di un prodotto. Molti test ciechi hanno dimostrato che in genere la Pepsi piace molto di più della Coca Cola; tuttavia, quando il test viene eseguito mettendo ben in risalto la marca di ciascuna bevanda, la situazione si inverte. Qui ci sono ben due effetti psicologici in azione.

1) la generalizzazione. Non è bello dirlo, ma la mente umana è biologicamente portata a generalizzare qualsiasi cosa: ci sono troppe variabili da prendere in considerazione per valutare ogni singolo dettaglio senza pregiudizi e il cervello non ha la potenza di calcolo necessaria per farlo. Per questo cerca di trovare un principio generale da applicare a più casi che reputa simili. E così non serve bruciarsi sia con il fornello che con il camino, basta una volta per capire che il fuoco è meglio non toccarlo.

Peccato che a volte la mente si sbagli e commetta dei clamorosi errori di valutazione. I pubblicitari lo sanno bene: dopo aver creato un marchio riconoscibile, attribuiscono a esso una serie di caratteristiche che l'acquirente estenderà inconsciamente a tutti i prodotti del marchio. Prendiamo, ad esempio, sempre la Apple: negli anni si è costruita la reputazione di una marca avanzata tecnologicamente, di moda, con un ottimo stile e professionale. Non importa che prodotti sfornerà Apple in futuro, perché le caratteristiche menzionate sopra verranno applicate anche a un mediocre scaldabagno.

2) la conferma. Al cervello non piace sbagliarsi: come dimostrano molti esperimenti, la mente si forma dei preconcetti molto difficili da sradicare anche se affrontati con delle schiaccianti evidenze. Al contrario, cerca nel mondo delle prove a sostegno della tesi già elaborata, mentre ignorerà qualsiasi messaggio contrario. Ciò significa che, se grazie alla pubblicità ci siamo fatti piacere una marca, sarà molto difficile valutarla in maniera obiettiva: ricordi l'esempio del test cieco su Coca Cola e

Pepsi? Sto parlando proprio di questo: il cervello pensa che Coca Cola sia migliore di Pepsi, ed ecco spiegato il risultato apparentemente senza senso del test cieco. Questo ci fa capire che quello che paghiamo non è soltanto il prodotto in sé, ma anche il marchio. Ricordi la formula per calcolare il prezzo di un prodotto che ho espresso qualche pagina fa? Te la ripropongo:

VALORE = COSTO MATERIALE + EMOZIONE

Adesso possiamo spiegare l'ultimo termine, l'emozione, un po' meglio. Tornando alle nostre bevande, si può dire che al netto della pubblicità la Pepsi suscita emozioni positive più forti: il suo gusto viene valutato migliore rispetto alla rivale. Qui interviene però il marchio, che grazie alla sua potenza ribalta queste emozioni.

La cosa più preoccupante, dal nostro punto di vista, è che tutto ciò avviene unicamente a livello emotivo e non razionale: la corteccia prefrontale, la parte del cervello che ci distingue da tutti gli altri animali e sede dei processi di decisione razionale, rimane completamente assopita durante la valutazione. Viene, invece, usata l'amigdala: è il centro di controllo per le emozioni, che abbiamo in comune con tutti gli altri mammiferi. Sappiamo, inoltre, che il tempo di reazione dell'amigdala è inferiore rispetto a quello della corteccia prefrontale: se queste due parti del cervello inviano comandi opposti, quello dell'amigdala prevarrà.

Detto in altri termini, la nostra mente è ancora sostanzialmente guidata dalle emozioni: la pubblicità andrà a colpire direttamente questa parte. Tenendo conto di quanto ti ho appena detto, capirai che si tratta di tecniche molto difficili da arginare. Le contromisure sono tutte a livello razionale ovvero si appellano al ragionamento.

Per cambiare il tuo modo di pensare, passando da irrazionale a razionale, dovrai faticare un po': inizialmente sarà l'amigdala a comandare il tuo cervello e rischierai di prendere la decisione sbagliata con un acquisto impulsivo. Solo pensandoci una seconda volta ti accorgerai che non stai prendendo una decisione ponderata. Con il tempo questo processo diventerà molto più semplice e automatico, ma almeno per le prime settimane dovrai impegnarti tu in prima persona.

È proprio per questa ragione che, come ti ho detto poche pagine fa, è impossibile annullare l'effetto della pubblicità sui tuoi acquisti. L'amigdala continuerà a inviare le stesse emozioni al tuo cervello, ma allenerai la corteccia prefrontale a ignorare per quanto possibile questi impulsi.

SEGRETO n. 11: impara a conoscere le tue debolezze e renditi conto che contro le pubblicità non sarai mai totalmente protetto. Ma se impari a conoscerle, potrai fare molto di più di quello che credi.

Creare un bilancio

Lo so, sono influenzato dai miei studi di economia, ma il consiglio resta valido per tutti: fare un resoconto scritto delle proprie entrate e delle proprie uscite permette alla mente di focalizzarsi al massimo sul quadro generale, invece che disperdere l'attenzione su una miriade di particolari insignificanti che rischiano di distorcere la realtà. Come ho già detto, le piccole spese, se accumulate, possono arrivare a una cifra considerevole.

Eppure, la nostra mente è tutt'altro che matematica e,

semplicemente, non si rende conto di quanto questo possa influire. Se stai portando avanti un comportamento sbagliato da anni, non riuscirai a rendertene conto senza un resoconto scritto delle tue spese, perché il tuo cervello ormai si è abituato al cambiamento e la considera una cosa normale. È per questa ragione che i cambiamenti si fanno a piccoli passi, in questo modo il cervello avrà il tempo di assimilare il passo precedente prima di continuare nel percorso di crescita personale.

L'esempio più lampante è quello delle sigarette: si inizia con una, poi un pacchetto ogni tanto e via così fino a superare il pacchetto al giorno. Può non sembrare niente di che all'inizio, ma la spesa media per il tabacco in Italia lascia poco spazio alle interpretazioni: 1.048 euro all'anno per persona! Considerando una vita da fumatore di 60 anni, si arriva alla considerevole cifra di 62.880 euro totali. È quanto basta per un'auto sportiva, che invece è andata in fumo (letteralmente). Sono sicuro che se a un fumatore gli si proponessero questi numeri fin da subito, ci penserebbe due volte prima di iniziare.

È questo lo scopo di un bilancio: farti capire con precisione e semplicità dove stai spendendo troppi soldi per capire come migliorare. Non serve utilizzare i grandi bilanci strutturati dalle aziende, ti basta qualcosa di più semplice. Puoi farlo con carta e penna, ma io consiglio l'utilizzo di un computer per evitare di fare i calcoli a mano.

Dividi lo spazio in due colonne: a destra metti il tuo stipendio e altri guadagni (come la vendita di qualche oggetto usato su eBay), mentre a sinistra metti le spese che compi giorno per giorno. Quando esci di casa segnati da qualche parte cosa compri e quanto spendi per l'acquisto, magari conservando gli scontrini, e una volta tornato trascrivi tutto sul tuo bilancio personale. Ricorda di accorpare insieme le voci uguali, ad esempio crea una sola voce "caffè" e aggiornala ogni volta che vai al bar. A fine mese prendi in mano il bilancio e osservalo: avrai in un paio di pagine un riassunto di quanto hai fatto negli ultimi 30 giorni.

Adesso la tua mente è focalizzata e hai eliminato le distorsioni temporali che il cervello compie ogni giorno: puoi ragionare obiettivamente sugli aspetti che puoi migliorare. Non solo, ma potrai anche quantificare il risparmio. Non pensare che questa sia una perdita di tempo e prenditi tutto il tempo che vuoi per studiare attentamente il tuo nuovo bilancio: se gli dai solo un'occhiata distratta, tutto il lavoro che hai fatto fino a ora non sarà servito a niente.

Una volta capito cosa puoi migliorare, non lasciare che quanto hai fatto finora si perda nel nulla: scrivi nero su bianco quello che hai imparato questo mese, poi scrivi i tuoi obiettivi per il mese prossimo. Non essere vago e specifica gli obiettivi con dei numeri e dei riferimenti precisi: ad esempio, scrivi di voler spendere 20 € in meno al bar il prossimo mese.

Ricordati qui di andare sempre a piccoli passi e non cercare di strafare: l'obiettivo non è di privarti dei piaceri della vita pur di accumulare ricchezza, ma è di insegnare alla tua mente e al tuo inconscio che si può vivere bene anche spendendo di meno. Per farti capire meglio come dovrebbe essere strutturato questo schema, ecco un semplice esempio:

	Uscite	Entrate	
affitto	€ 450,00	€ 1.400,00	stipendio
utenze	€ 500,00	€ 45,00	vendita orologio vecchio
sigarette	€ 96,00	€ 250,00	investimenti in borsa
benzina	€ 65,00	€ 50,00	vincita al lotto
spesa per alimenti	€ 210,00		
cinema	€ 40,00		
ristorante	€ 90,00		
caffè al bar	€ 35,00		
uscite con gli amici	€ 150,00		
TOTALE USCITE	€ 1.636,00	€ 1.745,00	TOTALE ENTRATE
Obiettivi per il prossimo mese:			
Ridurre le uscite con gli amici di 20€			
Ridurre la spesa per il fumo di 15€			

Naturalmente puoi modificare a tuo piacimento questo semplice modello, come aggiungere funzionalità o invertire le colonne di entrate e uscite. Fai comunque in modo che almeno questi elementi siano tutti presenti. Ricordi che nel paragrafo precedente ti ho parlato dalle dipendenze da acquisti inutili? Ti riscrivo qui il segreto numero 6 preso dal primo capitolo: «compila una lista della spesa e rispettala, in questo modo risparmierai su tanti acquisti inutili».

Ti ho anche detto che in passato hai iniziato tante dipendenze causate da cattive abitudini durante la spesa che ti hanno portato a comprare regolarmente qualche cosa che non ti serve. Nel primo capitolo, quando ho parlato della lista della spesa, ti ho insegnato come non cadere in nuove dipendenze: ora è arrivato il momento di eliminare quelle che ti sono rimaste. Grazie al bilancio che crei puoi facilmente monitorare i tuoi acquisti, e se utilizzi il foglio Excel che ti ho fornito saprai anche quanto essi incidono effettivamente sulle tue spese quotidiane.

Sarà per te molto più facile scoprire da cosa sei dipendente senza saperlo: fra le varie voci trova tutti quegli sfizi che sono diventati ormai un'abitudine e chiediti se valgono veramente i soldi che spendi ogni mese. La maggior parte sono dipendenze di tipo alimentare: cioccolata e caffè sono due esempi classici, poiché i principi che contengono creano dipendenza fisica.

SEGRETO n. 12: crea un tuo bilancio personale e utilizzalo per capire dove e come puoi risparmiare soldi.

Quanti soldi ti rimangono?

Mi potresti definire "il piccolo economista alla riscossa" in questi ultimi capitoli, perché effettivamente quello che sto facendo è prendere degli strumenti aziendali per tradurli e utilizzarli nella vita di tutti i giorni. Queste strategie vengono utilizzate dalle imprese che fatturano anche diversi miliardi di euro all'anno, quindi la loro validità è più che assodata. Dall'altro lato però si tratta di tecniche piuttosto complicate, che richiedono uno studio notevole prima di essere applicate in maniera corretta. Ciò nonostante, sono sicuro che con un po' di buona volontà sarai in grado di padroneggiare tutti i concetti egregiamente.

Ti consiglio vivamente di farlo perché la mente umana ha bisogno di tutto l'aiuto possibile quando si parla di razionalizzare: per risparmiare in maniera intelligente servono i numeri, ma il cervello non è fatto per analizzare i numeri. Anzi, lui preferisce di gran lunga dare delle emozioni a qualsiasi cosa, anche alla matematica. In quest'ultimo paragrafo del capitolo voglio darti alcuni spunti pratici che andrai poi ad applicare nel tuo bilancio personale, e renderanno la stesura del tuo primo bilancio molto più semplice e soprattutto efficace.

Non smetterò mai di sottolineare quanto la motivazione sia importante e per questo voglio spiegarti prima di tutto perché quello che andrai a fare da qui a poco è fondamentale per la tua crescita personale e finanziaria. Il rischio di valutare qualcosa in base alle emozioni che ti suscita si fa più acuto quando si mettono in gioco le strategie del marketing e purtroppo è impossibile eliminarlo completamente. L'unica cosa che puoi fare è cercare di ridurre al minimo la discrezionalità della tua mente, ovvero fornire delle misure quanto più precise e sistematiche possibile.

Quello di cui parlerò in questo capitolo è proprio questo e lo farò con una tecnica che deriva dalla ragioneria per farti avere dei numeri molto più precisi di quelli che hai a disposizione adesso. Il mio obiettivo è quello di farti capire qual è la quantità di denaro che in realtà hai a disposizione in un dato periodo di tempo (ad esempio un mese), che potrai poi utilizzare per lo svago quotidiano.

Potresti pensare: «Ma non ci vuole certo un genio, il mio stipendio è fisso e i soldi non me li posso fabbricare in casa». Questo non è del tutto esatto: purtroppo, i soldi disponibili sono inferiori allo stipendio che percepisci. Infatti, dall'introito mensile bisogna sottrarre una certa quantità di denaro pari all'ammontare delle spese irrinunciabili, ovvero tutte quelle spese che non possono essere eliminate in alcun modo. In questa categoria possono rientrare l'affitto, le utenze (acqua, luce e gas), le tasse, la macchina (o l'abbonamento del bus), il cibo e così via.

Le voci che devi includere qui sono tutte quelle che ti consentono di sopravvivere e di mantenere il tuo lavoro: in altre parole, tutte quelle che devi considerare anche se non ti rendono più felice, perché non puoi assolutamente farne a meno. Una volta detratte queste spese dal tuo stipendio iniziale, avrai una visione più corretta di quella che è la tua disponibilità materiale. La cifra risultante è quella che puoi spendere ogni mese per divertirti e fare quello che più ti piace nella vita. Se eliminassi qualsiasi piacere dalla tua vita, questa è la somma di denaro che ti avanzerebbe a fine mese.

Questo procedimento viene fatto a mente dalla maggior parte delle persone, ma questo non permette di razionalizzare al massimo il numero risultante. Immaginare un numero senza scriverlo te lo farà sembrare distante e astratto, qualcosa che non influenza la tua vita. Senza contare che tenderai a dimenticarlo molto velocemente. Se invece scrivi su un pezzo di carta il tuo stipendio disponibile, avrai sempre sotto gli occhi una cifra precisa e insindacabile. Il tuo cervello si focalizzerà automaticamente su di essa e noterai che, quasi magicamente, avrai meno difficoltà a restare nel budget.

Sapendo fin da subito il tuo stipendio disponibile allontanerai il rischio di andare in rosso con spese che in realtà non puoi permetterti, eliminando quella sgradevole sensazione di essere sempre con l'acqua alla gola. Con un riferimento potrai anche darti un obiettivo preciso: non limitarti a un generico «voglio spendere di meno», dichiara sempre quanto vuoi risparmiare e quanto invece vuoi spendere. Il primo passo per fare ciò è creare un bilancio e depennare le spese che non dipendono da te, in questo modo sarai già sulla buona strada per convincere la tua mente a pesare con attenzione ogni singolo euro.

SEGRETO n. 13: per avere una stima esatta di quello che guadagni, togli dal tuo stipendio tutte le spese che non puoi eliminare.

In questi due primi capitoli hai imparato come risparmiare con la psicologia senza abbassare la qualità della vita e hai imparato alcuni concetti di economia che ti saranno sicuramente utili in futuro: adesso sei pronto per togliere tutte le spese inutili e vedere il tuo conto in banca crescere. Prima di iniziare il prossimo capitolo, ti voglio però ricordare ancora una volta che non sono i soldi che fanno la felicità, bensì il modo nel quale li si utilizza: non trarre giovamento dal mero accumulo di denaro, fai quello che più ti piace e regalati dei piaceri almeno una volta ogni tanto.

Cerca di applicare una alla volta le tecniche che ho appena descritto, impratichisciti nell'usarle finché non riuscirai a sfruttarle tutte insieme nel migliore dei modi. Ricorda, infatti, che se non cambi prima il tuo modo di pensare, non ti servirà a molto sapere tutti i segreti del marketing e come evitare i tranelli delle aziende: continuerai comunque a spendere inutilmente i tuoi tanto sudati risparmi. Quindi, finisci pure di leggere tutto il manuale, ma ricorda che interiorizzare tutti i concetti fin qui esposti ti richiederà ben più di una semplice lettura sbrigativa.

RIEPILOGO DEL CAPITOLO 2:

- SEGRETO n. 7: conoscere le basi dell'economia ti aiuta a capire i meccanismi che si celano dietro al prodotto e a contrastarli efficacemente.
- SEGRETO n. 8: compra solamente i beni che userai immediatamente o nel prossimo futuro, non comprare in base a quello che potrebbe servirti fra un anno.
- SEGRETO n. 9: la maggior parte delle volte, il miglior prodotto che puoi acquistare è a metà fra il troppo scadente e il troppo costoso. Cerca sempre una via di mezzo fra i due.
- SEGRETO n. 10: con i test ciechi riuscirai a capire qual è il prodotto più adatto a te, senza farti influenzare dalla pubblicità e dalla notorietà della marca.
- SEGRETO n. 11: impara a conoscere le tue debolezze e renditi conto che contro le pubblicità non sarai mai totalmente protetto. Ma se impari a conoscerle, potrai fare molto di più di quello che credi.
- SEGRETO n. 12: crea un tuo bilancio personale e utilizzalo per capire dove e come puoi risparmiare soldi.
- SEGRETO n. 13: per avere una stima esatta di quello che guadagni, togli dal tuo stipendio tutte le spese che non puoi eliminare.

CAPITOLO 3:
Come Difendersi dalle Pubblicità

Il marketing, ovvero quel settore che si occupa delle relazioni fra azienda e pubblico, è parecchio complicato. Per quanto l'immaginario comune possa dipingere il venditore come un uomo che propone porta a porta il prodotto che sponsorizza, in realtà quella non è che la parte finale di un processo lungo e complesso. Lungo, complesso e molto costoso oso aggiungere, visto che la spesa annuale globale per il marketing raggiunge cifre stratosferiche.

Tutto questo per un unico fine: vendere qualcosa. Negli anni il concetto di marketing si è evoluto molto, tanto che ora si occupa non solo di pubblicità, ma anche e soprattutto di pubbliche relazioni e cura dell'immagine dell'azienda in senso ampio. Prendi ad esempio la Apple con il suo Mac: il design bianco, essenziale ed elegante ma senza nessuna funzione pratica è anch'esso parte del marketing. Insomma, stiamo parlando di un settore molto vasto che permea qualsiasi comparto aziendale, nonché ogni ambito della tua vita. E in questo capitolo ti insegnerò come difenderti da tutto questo.

Come puoi certamente intuire dalla portata dell'argomento, non è però una cosa semplice. Come ti ho detto nel secondo capitolo non riuscirai mai a difenderti completamente dalle strategie di marketing: sono studiate apposta per colpire l'inconscio. Quindi non importa quanto ti possa sforzare, non riuscirai mai a controllare completamente la parte irrazionale del cervello. Per fortuna, però, sono i consumatori ad avere il coltello dalla parte del manico.

Infatti, nessuno ti costringe ad acquistare uno specifico prodotto o una particolare marca e la maggior parte delle volte puoi soddisfare i tuoi bisogni in altro modo con un po' di ingegno. Questo ti dà un enorme vantaggio rispetto alle aziende, perché sono loro a dover convincere te e non viceversa. Quello che devi fare tu è valutare l'alternativa migliore, come il giudice a un processo dove i due avvocati si contendono il favore della giuria.

Sotto quest'ottica, le cose si fanno già un po' più semplici. Inoltre, considera che le campagne pubblicitarie non sono mai studiate partendo dal presupposto che il potenziale cliente conosce il marketing e la psicologia abbastanza bene da difendersi: ciò significa che la lettura di questo manuale ti darà potenzialmente un vantaggio enorme, se avrai la determinazione per riuscire a sfruttarlo.

Noterai che le tecniche di marketing sono, più o meno, sempre le stesse e in questo modo riuscirai a neutralizzarle al meglio. Con un po' di astuzia potrai ridurre drasticamente l'effetto deleterio del marketing intrapreso dalle grandi marche, con un risparmio sul portafogli degno di nota.

Come ho già detto le industrie girano sul prodotto il costo della pubblicità, aumentandone il prezzo senza una convincente giustificazione. Neanche a dirlo, questo non va assolutamente bene sotto il profilo risparmio, ed è importante imparare a evitare queste marche in favore di quelle meno famose, ma di uguale qualità.

Molte volte le sottomarche propongono a prezzi interessanti degli ottimi prodotti, perché non fanno ricadere il valore della marca sul costo del prodotto; adesso potrai imparare a riconoscere meglio queste situazioni e potrai evitarle senza problemi. Riuscirai anche a capire quando una pubblicità o un'offerta particolare ti vuole indurre a comprare più del necessario. Bando alle ciance, quindi, ti lascio alla lettura del terzo capitolo del manuale: forse sarà un po' più noioso e schematico dei primi due, ma ti assicuro che sarà altrettanto utile!

L'upselling

Dietro a questo parolone complesso si cela in realtà un concetto semplice da spiegare e da contrastare. Entra in un qualsiasi McDonald's, e chiedi un panino: qual è la prima cosa che ti domanderà la cassiera? Se vuoi un menù intero. E una volta preso il menù ti farà notare che esiste la variante grande, il gelato e così via.

Passiamo a un secondo esempio: sei in un negozio perché ti serve un nuovo personal computer, visto che quello vecchio ti si è appena rotto. Hai un'idea ben precisa di quanto vuoi spendere e magari anche su quale modello orientarti e ti si para di fronte una vasta scelta di prodotti. Individui quello che avevi in mente, ma cosa ti capita accanto? Un laptop solo leggermente più costoso, ma con caratteristiche nettamente migliori. E allora cosa fai? Sarai indotto a fare uno strappo alla regola e propendere per il prodotto con il prezzo più elevato.

Questo è uno spreco ingiustificato di soldi: non ti servono le caratteristiche aggiuntive che ti vengono offerte, nonostante questo, paghi di più per averle. Sono sicuro che hai già capito in cosa consiste la tecnica dell'upselling: offrire due prodotti a prezzo simile, per invogliare il consumatore a orientarsi verso la scelta più costosa.

L'upselling sfrutta a suo vantaggio un processo che utilizza il cervello per dare delle definizioni coerenti: i punti di riferimento. Come ti ho già detto, tutto è relativo: te lo ripeto perché è importante al fine di neutralizzare l'upselling. Il fatto che i punti di riferimento siano relativi la nostra mente lo sa già da milioni di anni e per questo non dà mai dei giudizi a livello assoluto e cerca sempre un termine di paragone.

Diciamo che vuoi comprare un nuovo televisore e vuoi prendere un bel 42”. Entri nel centro commerciale e cosa vedi? Un enorme televisore 52” a un centinaio di euro in più. Come si fa a non prendere al volo l’occasione? Alla fine il prezzo è molto simile, quindi si può fare. In realtà il prezzo è solo in apparenza basso, perché il cervello ha già preso come riferimento il costo del 42”: confrontando l’aumento della diagonale con l’aumento del prezzo, sei indotto a pensare che l’incremento non sia poi così importante. Ma cosa sarebbe successo se avessi visto direttamente il 52” senza avere come punto di riferimento quello del 42”? Sicuramente avresti pensato che era decisamente troppo costoso per le tue tasche.

La grande efficacia dell’upselling è data dal fatto che non forza il cervello a pensare a cose innaturali: avere dei termini di paragone è un’operazione naturale per la mente, ma in questo caso viene manipolata per uno scopo particolare. Quello che viene fatto è alzare artificiosamente il punto di riferimento per far sembrare più bassi gli altri termini. In altre parole non è il 52” a costare poco, è il 42” a costare tanto! Ma quando si riesce a far credere alla mente che il prezzo del televisore più piccolo è normale, allora automaticamente il 52” diventa parecchio conveniente. Rimani quindi in allerta ogni qual volta vedi due prodotti a prezzi simili, perché molto probabilmente è un caso di upselling.

Come difendersi? La tecnica che utilizzo io con ottimi risultati è quella di decidere le caratteristiche di ciò che mi serve e solo in seguito guardare il prezzo. Scelgo il prodotto e alla fine mi informo sul costo dello stesso. In questo modo non sarò tentato di prendere di più di quello che mi serve: questo metodo funziona molto bene sia per i prodotti costosi che per quelli più economici.

Proprio perché questa tecnica di vendita è facile da riconoscere la si può combattere meglio, in modo da non essere invogliati a comprare più di quanto non abbiamo realmente bisogno. Stabilire in anticipo i tuoi desideri, al riparo dalle tecniche di marketing, è in linea di principio valido sia per questa che per altre strategie di vendita.

SEGRETO n. 14: scegli cosa vuoi comprare in anticipo e non cedere alla tentazione di prendere qualcosa di migliore anche se costa poco di più.

Quel centesimo in meno

«I trucchi del marketing funzionano sempre, non importa quanto siano evidenti». Se dovessi dimostrare questa l'affermazione, utilizzerei senza dubbio la tecnica che ho chiamato "quel centesimo in meno". In cosa consiste e perché è così efficace? Entra in qualsiasi negozio, grande o piccolo, online o fisico che sia. Prendi un prodotto qualsiasi e guarda l'etichetta, adesso guarda l'ultima cifra del prezzo: sicuramente finisce con un 9 o un 8! Lo sai bene quanto me, i prezzi sono tutti del tipo 4,99 euro, 9,99 o varianti più grandi, come 599 o 19.999.

E sono sicuro che sai bene la ragione: un prezzo viene percepito più basso quando la cifra a sinistra è inferiore. Ciò è causato da due effetti psicologici distinti, entrambi di origine ambientale e sociale:

- **la direzione della lettura**. Fin da bambini siamo abituati a leggere un testo da sinistra verso destra e l'occhio si è abituato a questo procedimento meccanico in ogni situazione. È stato dimostrato da diversi esperimenti che, anche mentre si guarda un quadro, l'occhio parte da sinistra e scorre man mano verso destra. Ciò significa che quello che sta a sinistra viene letto prima e assume un'importanza maggiore.

- **la mente non aritmetica**. Come ho già detto nelle pagine precedenti, il cervello non è fatto per pensare in maniera matematica e razionale, bensì per emozioni e sensazioni. Visto che il numero più a sinistra è considerato più importante, esso tende a cancellare il valore di tutti gli altri e una sua variazione viene resa più importante di quanto in realtà non sia.

Ciò comporta che per il cervello c'è poca differenza fra 10 € e 19 €, anche se il secondo è quasi il doppio del primo! Tutti sono a conoscenza di questa tecnica perché viene applicata da molti anni alla luce del sole, eppure ti posso assicurare che funziona ancora alla grande. Addirittura, in molti arrotondano il prezzo per eccesso già quando ne parlano con altre persone: «Ho visto questo televisore a 700 euro», anche se il prezzo sul cartellino è 699.

Questo è un tipico caso nel quale l'inconscio prevale sul conscio quando i due emisferi danno input differenti. Per la precisione: la parte razionale sa perfettamente che quello non è che un trucco per vendere di più, ma l'inconscio si basa ancora sui due principi sopra esposti.

Come fare a difendersi? Non è semplice, visto che basta guardare il cartellino del prezzo per essere condizionati. Quindi, devi prima di tutto distogliere lo sguardo. Ma questo non basta, perché nella tua mente è ancora impresso il prezzo vecchio: ora è il momento di prendersi cura anche di questo aspetto. Prendi un foglio di carta e scrivi su di esso il nuovo prezzo: se, quindi, qualcosa costa 19,90 euro tu scrivi 20. Ora guarda quello che hai appena scritto e immediatamente la tua mente riuscirà a valutare la nuova cifra in maniera corretta.

SEGRETO n. 15: quando vedi un prezzo innaturale come 19,99 euro, riscrivilo su di un pezzo di carta arrotondato per eccesso.

Lo sconto fasullo

Belli i 3x2 al supermercato, equivalgono in sostanza a uno sconto del 33 per cento acquistando più di un prodotto. Sì, molto bello, ma quanto ti costa? In realtà, le offerte promozionali che si trovano in giro per i negozi non sempre sono convenienti per il nostro portafoglio, anche se a logica si potrebbe dire il contrario: il prezzo è inferiore a quello di listino e anzi ti regalano qualcosa, quindi il risparmio c'è di sicuro.

In realtà questa non è che una visione limitata, seppur molto comune, dell'effetto che lo sconto provoca nella mente di molte persone. Esso si basa sull'espediente conosciuto come asimmetria informativa, ovvero il fatto che non tutti i soggetti hanno lo stesso livello di competenze in un determinato campo. Questo principio può essere applicato anche in psicologia, visto che provoca tutta una serie di conseguenze di tipo mentale.

L'asimmetria di cui parlo sta nel fatto che l'utente comune in realtà non sa che un qualsiasi sconto, la maggior parte delle volte, porta a un forte aumento di entrate da parte delle aziende, nonostante il prezzo inferiore. Ma come è possibile? La spiegazione è semplice: un'offerta porta sempre un gran numero di acquirenti non disposti a lasciarsi scappare l'occasione e, aumentando il numero di compratori, aumentano anche i profitti.

Un secondo trucco mentale di origine economica viene qui a galla in tutta la sua efficacia: il prezzo percepito, ovvero quanto le persone credono che valga un determinato prodotto (ne ho già parlato nel secondo capitolo). Il prezzo di listino contribuisce in maniera molto forte a determinare il prezzo percepito dal consumatore, creando una forte relazione fra i due. E se il prezzo di listino viene abbassato per un tempo limitato, tutti percepiscono l'evento come una grande occasione.

Per fare un esempio: voglio vendere un televisore al prezzo di 599 €. Se metto lo schermo in vendita a quel prezzo, non otterrò nessun tipo di reazione particolare. Se invece lo metto a listino a 799 € e faccio uno sconto di 200 € per le prime due settimane, di sicuro venderò molte più unità. Un terzo e ultimo effetto psicologico che entra in gioco è quello della fretta: è stato dimostrato che un potenziale cliente ha meno possibilità di comprare qualcosa se ci riflette troppo a lungo e le offerte a tempo sono il miglior modo per mettere fretta al pubblico.

È per via della sua sempre crescente diffusione che ho deciso di parlare del grande impatto che rivestono le offerte promozionali, oltre al fatto che anche io tendo a cadere nella trappola. L'unica cosa che si può cercare di fare è limitare i danni verso un costante miglioramento personale. La categoria degli sconti si può dividere in tre sotto-categorie maggiori, che sono le seguenti:

1) svuotare il magazzino. Uno sconto può venir proposto quando ci si vuole sbarazzare di tutti gli esemplari di un certo prodotto in tempi brevi e qui le ragioni sono veramente tantissime. Se si tratta di un prodotto alimentare, magari è in procinto di scadere; se si parla di un computer, è più probabile che sia diventato obsoleto e i negozi vogliano venderlo velocemente per evitare che cali troppo di valore. Il denominatore comune che accomuna questi casi è una caratteristica del prodotto che lo rende meno attraente.

Generalmente questa tipologia la si può riconoscere dal fatto che viene proposta dal singolo negozio piuttosto che da un'azienda produttrice. Ad esempio, le offerte dei centri commerciali sono spesso di questo genere. Per quanto spesso ci sia dietro un trucco di qualche tipo, non essere troppo sospettoso: capita a volte che un negozio decida di ridurre drasticamente il magazzino in tempi brevi per ragioni non legate a uno di questi aspetti, scontando dei prodotti senza difetti. L'importante, in questa situazione, è non lasciarsi indurre in tentazione e acquistare cose che poi non ti serviranno: ancora una volta, la lista della spesa ti tornerà molto utile.

2) marketing. Questa è una categoria molto grande, tanto da poterla definire con un «tutto quello che non rientra nel primo punto». In sostanza, un'azienda investe dei soldi per fare degli sconti così imponenti che il pubblico non potrà fare altro che accorrere. L'esempio più chiaro è quello della Ryanair con i suoi voli a 1 € tutto incluso: ti propongono di viaggiare gratis, pagano loro tutte le tasse, ma in compenso attraggono tantissimi clienti. Ora Ryanair è una delle compagnie aeree più grandi e importanti d'Europa, quindi la strategia funziona. Un altro esempio è quello dei centri commerciali: scontano un prodotto per attrarre la folla, sicuri che gli acquirenti acquisteranno altri beni a prezzo pieno.

3) vendere. È in pratica una sotto-categoria del secondo punto. Questa è la categoria più pericolosa per le tue tasche e ne parlerò più approfonditamente nei paragrafi a seguire. Sono quelli che io chiamo non-sconti: piazzare un prezzo a listino estremamente alto e poi scontarlo pesantemente ogni mese (o addirittura ogni settimana). Due esempi sono l'industria della moda (con i loro saldi stagionali) e talvolta Amazon.

Ora, come ho detto, la terza categoria è quella più pericolosa. Ha lo scopo puro e semplice di vendere a gente che non avrebbe mai acquistato il prodotto o lo avrebbe acquistato in quantità minore (come nel caso del 3x2). Grazie a studi che si sono susseguiti per decenni, è ormai chiara una cosa agli esperti del settore: anche se scontando qualcosa il produttore guadagna di meno, il flusso maggiore di clienti ripagherà ampiamente il mancato introito. Ovviamente tutto ciò a danno dei consumatori, che si trovano in casa un sacco di robaccia inutile!

Il secondo aspetto che rende gli sconti temibili è la fretta che mettono: le offerte sono sempre per un tempo estremamente limitato e non lasciano al potenziale cliente il tempo di riflettere prima di procedere all'acquisto. È stato, infatti, dimostrato che un cliente dubbioso, molto spesso, alla fine non comprerà. E un motivo c'è, se ci pensi: il dubbio significa che non sei sicuro del beneficio che l'acquisto potrebbe portare. Se non ti viene lasciato il tempo di pensare, l'acquisto è più o meno automatico.

Ora che hai capito il potenziale negativo di queste offerte, vediamo come evitarle. La frase canonica che si usa dire in questi casi è «Valuta attentamente prima di acquistare un prodotto in offerta», ma secondo me non è altro che retorica: i pubblicitari sono sempre un passo avanti e cercare di batterli con l'astuzia non è così banale. Ti propongo, invece, un metodo estremamente più drastico e funzionale: ignorare bellamente qualsiasi tipo di sconto!

Fai come se non esistessero e prendi sempre a riferimento il prezzo di listino. Se quello che vuoi merita i soldi che normalmente dovresti pagare per averlo, allora procedi. Se invece ti accorgi di essere allettato unicamente dallo sconto, lascia perdere: non ti serve. Forse ti stai chiedendo come comportarti con quei prodotti che vuoi acquistare, ma costano troppo per le tue tasche. Può essere un nuovo cellulare con funzioni avanzate, per il quale stai cercando un'offerta.

In quel caso definisci in anticipo quali sono i prodotti che ti servono e definisci in anticipo anche quanto sei disposto a spendere per averli. Trovato lo sconto, devi solo confrontare il nuovo prezzo con quello che ti sei prefisso inizialmente. Anche così, ti assicuro, non è affatto semplice liberarsi dai meccanismi del marketing pubblicitario. Ma è già un passo avanti e ti accorgerai nell'arco di poche settimane del risparmio che comporta.

Solo in seguito si può iniziare a fare selezione fra le offerte buone e quelle cattive: ad esempio, io approfitto spesso e volentieri di quelle Ryanair e con 40 € vado in tutta Europa andata e ritorno. Ma una ragione sotto deve sempre esserci per non rendere l'acquisto fine e se stesso: ad esempio, a me piace molto viaggiare.

SEGRETO n. 16: fai attenzione agli sconti perché sono una trappola. Se un prodotto non ti serve a prezzo pieno, non ti serve nemmeno se viene venduto a metà prezzo.

Tutto gratis, ma a pagamento

Recentemente c'è un nuovo metodo di guadagno su internet, che sta facendo la fortuna di tutti gli imprenditori che hanno deciso di investire su di esso: la gratuità. È la formula che hanno utilizzato gli sviluppatori di Angry Birds, videogioco che è diventato una miniera d'oro per i suoi sviluppatori. Ma come? Se è gratis, come fa a essere un metodo di guadagno?

A dire la verità, non proprio tutto è gratuito, bensì solo una parte. Il concetto si è evoluto moltissimo negli ultimi anni, sempre nei videogiochi, a una forma più sottile: il gioco è gratis per sempre, ma, se paghi un piccolo extra, puoi avere dei vantaggi rispetto ai clienti non paganti, oppure questi vantaggi ti saranno revocati a breve. Finché il metodo era utilizzato nei giochi per computer, nessun problema: è un mercato talmente ristretto che si può tranquillamente ignorare. Tuttavia adesso il "gratuito a tempo" si sta diffondendo anche nel mondo reale. Basta vedere tutte le prove gratuite che vengono offerte per l'Italia: «Prova Sky HD gratuitamente per 6 mesi».

Offrire un prodotto in modo totalmente gratuito ha, infatti, uno scopo ben preciso: abituare il cliente a un tenore di vita maggiore. La mente ci mette molto poco per abituarsi a un nuovo standard qualitativo di vita, sia in positivo che in negativo, soprattutto se si modifica solo un dettaglio. E una volta raggiunto, visto e considerato che il cervello ha come obiettivo primario l'evitare il dolore, si sarà molto poco propensi ad abbassare nuovamente il proprio livello. E per questo si sarà disposti a pagare qualsiasi prezzo: evitare il dolore di dover abbassare la qualità della propria vita, vedendosi sottratto un bene o un servizio, è in quel momento la priorità della mente.

La potenza di questo effetto psicologico è talmente importante che io definisco l'attaccamento che si genera nei confronti di questi prodotti una vera e propria dipendenza, che può talvolta raggiungere livelli estremi. La sua efficacia è data dal fatto che si paga per evitare il dolore, piuttosto che per raggiungere il piacere. È quindi molto importante saper riconoscere il tranello ed evitarlo ben prima che esso possa portare a un esborso monetario anche imponente: i pubblicitari sono ben consapevoli che, facendo leva sul dolore, possono aumentare di molto il prezzo, e senza dubbio lo faranno.

La prevenzione è la difesa migliore: se sai di non aver bisogno di qualcosa, non acquistare il prodotto solo perché è gratis per un mese. Piuttosto lascia perdere. Ancora una volta la buona vecchia lista della spesa è il tuo più grande alleato, quindi non dimenticarti mai di tenerla sempre aggiornata. Come sempre, però, ci si può cascare: è una cosa normale e succede a tutti. In questo caso devi rimanere saldo suoi tuoi intenti più che mai e costringerti a non pagare un centesimo. Se ti serve più motivazione, puoi sempre andare a rileggere la prima parte del manuale!

SEGRETO n. 17: se qualcuno ti offre di provare gratuitamente un prodotto per un mese, evitalo assolutamente!

La riconoscenza

La tecnica della riconoscenza può essere vista come l'evoluzione di quella appena descritta del "tutto gratis, ma a pagamento". Ne condivide il tratto essenziale della gratuità, ma lo sfrutta in maniera più subdola e nascosta: per questo il tranello si mimetizza molto bene e risulta più arduo applicare le dovute contromisure. Merita quindi un paragrafo a parte, nel quale ti insegnerò come riconoscerla efficacemente.

Come ho detto, la prima parte è uguale: fornire un prodotto gratis. Ma qui l'obiettivo non è dichiarato come sopra, cioè vendere un abbonamento al termine del periodo di prova. Anzi, all'apparenza l'offerta viene fatta di buon cuore e senza chiedere nulla in cambio. E in un mondo dove nessuno fa niente gratis, questo ci sembra un gesto molto bello. Quindi, creiamo un legame positivo con l'uomo o la compagnia che ha speso tempo e soldi per darci un regalo, istintivamente li consideriamo persone affidabili e magari anche amici.

Di conseguenza si innesca un altro effetto psicologico: sentirsi in obbligo. Questa sensazione di colpa ha origine milioni di anni fa e ha aiutato la formazione delle prime comunità di uomini e adesso questo retaggio ci è rimasto per facilitare la convivenza in una società come la nostra. Questo tipo di senso di colpa è molto forte e gli esperti ancora una volta non esitano a prenderlo in mano e a manipolarlo saggiamente. Una persona che si sente in debito cercherà di tornare in pari il più velocemente possibile e questo spesso avviene comprando un altro prodotto della stessa compagnia. La tecnica è spesso utilizzata dai piccoli negozi, perché è molto più facile creare un legame con un uomo piuttosto che con una multinazionale.

Attenzione: qui non è il venditore che offre dei beni o servizi e cerca di venderli, è il cliente stesso che se li va a cercare autonomamente! È, infatti, questo l'unico metodo che il venditore lascia per sdebitarsi. Tutti i regali o "pensierini" che ci vengono offerti apparentemente senza chiedere alcunché in cambio, in realtà sono appositamente pensati per creare e amplificare al massimo il senso di colpa.

La potenza della tecnica, però, non si ferma qui: anche dopo l'acquisto il compratore avrà una relazione positiva con il venditore e quindi la possibilità che avvenga un secondo acquisto è molto elevata. Ho visto applicato questo metodo molto spesso nei centri benessere e negli hotel: anche a distanza di anni dalla permanenza, a volte ti mandano simpatiche lettere di auguri a natale. La loro spesa è praticamente nulla, ma la possibilità di vedere un cliente tornare da loro è molto più elevata in questo modo.

Per difendersi da tutto ciò, non si può fare altro che fare a pugni con il proprio senso di colpa ed esibire un po' di sana faccia tosta. È inutile provare a eliminare il problema alla radice, evitando di ricevere il regalo: come nel caso dell'hotel sopra esposto, spesso ti arrivano senza preavviso e non ci puoi fare niente. Anche sapere che si tratta di una tecnica di marketing non ti sarà di grande aiuto, perché il senso di colpa schiaccerà facilmente la voce della parte razionale del tuo cervello.

Cerca, comunque, di arrivare a un compromesso con la tua coscienza, ignorando per quanto ti è possibile la sensazione sgradevole di non aver ricambiato un regalo ricevuto. Ti aiuterà molto immaginare quello che ricevi non come un regalo, ma come una vera e propria pubblicità. E, se ci pensi, è così: entrambi sono costosi, ed entrambi hanno la funzione di incrementare le vendite. Ricordi l'esempio di Ryanair che ho fatto quando ho parlato degli sconti? Le offerte a 1 € sono talmente incredibili che possono anche portare a sentirsi in debito nei confronti della compagnia.

Personalmente, una mia debolezza è che con questo metodo non ci si mette molto a farmi cadere nella trappola del senso di colpa. Sono una persona a cui piace sdebitarsi il prima possibile e, anche se so che questo è solo un trucco di marketing, non ci posso fare niente. Per diversi mesi ho cercato di convincere il mio inconscio a non sentirsi obbligato a ricambiare, provando un po' tutte le strategie che mi potevano venire in mente. A forza di pensarci sono riuscito ad auto-convincermi, a piccoli passi, che non gettare via i soldi era la mia priorità. L'importante, se anche tu hai dei problemi su questo fronte, è proseguire a piccoli passi.

SEGRETO n. 18: i regali dei negozi non sono regali, ma raffinate tecniche di vendita. Stai attento e non pensare di dover ricambiare il favore acquistando qualcosa.

I micro-pagamenti

Rispondi a questa domanda: rifletti per più tempo sull'acquisto di un caffè al bar o di una nuova auto? La domanda è un po' retorica visto quanto è esagerata, ma il concetto dietro alla tecnica dei micro-pagamenti è proprio questo: ci facciamo molti meno problemi a spendere una cifra irrisoria piuttosto che a eseguire esborsi di un certo rilievo. Ma cosa succede se questi pagamenti all'apparenza insignificanti si ripetono più e più volte durante la settimana? Ecco che si arriva a una spesa complessiva anche piuttosto elevata e senza rendersene minimamente conto.

Ho già esposto nella prima parte del manuale la ragione: il cervello umano non ragiona come una calcolatrice e non misura in maniera ottimale i valori di cui dispone. Ho anche già spiegato che la cosa migliore da fare è creare un bilancio scritto in modo da tener traccia di tutti i pagamenti che si fanno, quindi, in questo capitolo mi dedicherò unicamente a spiegare come questa distorsione viene applicata dai pubblicitari di tutto il mondo. E naturalmente, come difendersi.

Ancora una volta i micro-pagamenti stanno spopolando a più non posso nel mondo di internet e hanno fatto la fortuna di molte aziende che hanno applicato alla lettera questi semplici concetti. Fra i quali si annoverano i così detti “browser game” e il già citato Angry Birds, che stanno macinando una quantità di soldi impressionante. Il loro segreto è quello di non chiedere una cifra sostanziosa per l’acquisto, ma offrire a prezzi molto bassi un godimento limitato nel tempo. Una specie di affitto, in altre parole.

Molto semplice da riconoscere, l’acquisto temporaneo può comunque dare alcuni problemi quando si tratta di risparmiare soldi. I micro-pagamenti possono presentarsi però anche sotto una seconda forma.

Alternativo all'affitto è l'acquisto frazionato: quando compri qualcosa lo ottieni per sempre, ma il prodotto è composto da un grosso puzzle di piccoli acquisti che si completano l'un l'altro. Attenzione, non sto parlando degli acquisti a rate: è la tecnica usata, ad esempio, dalle collane di libri, dove per sapere come finisce la storia devi acquistare il volume successivo (come non citare Harry Potter e le serie di libri in generale).

Creare un bilancio è la tua difesa più efficace: sommare i costi permette difatti di non lasciarsi manipolare dalla distorsione temporale, perché avrai una visione completa e obiettiva di quello che hai speso fino a ora senza nemmeno accorgertene. È, però, possibile anche fare un calcolo veloce, al volo: visto che è semplice riconoscere dei casi di micro-pagamenti, obbligati a non pensare mai al singolo acquisto. Considera un periodo di tempo più ampio o l'interezza dei prodotti correlati che hai intenzione di acquistare e ragiona solo dopo aver calcolato il totale.

SEGRETO n. 19: il cervello non si rende conto di quanto sta spendendo, se lo fa poco alla volta, quindi fai sempre mente locale sui tuoi acquisti.

La nicchia

Esempio fittizio: sono un commercialista molto impegnato, così impegnato che non ho più tempo per me stesso e per godermi i piaceri della vita. Per questo cerco online un ebook sulla gestione del tempo e, visto che i commercialisti guadagnano bene, sono anche disposto a pagarlo. Mi trovo di fronte a due prodotti distinti: uno si chiama *Gestione del tempo* e costa 40 €, l'altro si chiama *Gestione del tempo per commercialisti* e costa 50 €. Quale prenderò? Con tutta probabilità il secondo, anche se costa di più.

Infatti, più è precisa la nicchia e più siamo disposti a pagare per il prodotto. In altre parole, significa che noi siamo sempre alla ricerca della soluzione più adatta alle nostre esigenze e più un prodotto è specifico e più crediamo che corrisponda a quello che ci serve. Niente trucco e niente inganno. È una normale deduzione che la mente compie, associando un fatto A a un risultato B. L'inganno è su di un altro livello, perché non è detto che la verità sia così semplice.

Creare prodotti di nicchia è diventato, negli ultimi anni, il focus principale di tutti i piccoli venditori online. Il mercato su internet è talmente ampio che non serve più raggiungere il più vasto pubblico possibile per riuscire a vendere qualcosa, basta proporre qualcosa per una nicchia ben definita.

Recentemente anche alcune grandi compagnie hanno iniziato a sfruttare questo procedimento conosciuto da tempo, ma entrato nelle politiche di marketing solo nell'ultimo periodo. Al momento non l'ho ancora visto molto praticato, ma sono sicuro che nel giro di qualche anno prenderà piede con grande velocità. Un esempio? Il Monopoli: la versione base non costa molto, ci sono poi tutte le varianti Unione Europea, Mondo di Paperopoli e così via, che hanno un prezzo maggiore. Queste versioni si sono, infatti, ritagliate una nicchia molto precisa: non solo gli amanti del Monopoli, ma gli amanti del Monopoli a cui piace Paperino.

Questa è condizione necessaria e sufficiente per aumentare il prezzo (fino a raddoppiarlo, a volte). Tuttavia, non è affatto detto che la nicchia dia un qualsiasi tipo di valore aggiunto, di vantaggio rispetto a un prodotto più generico: questo è molto evidente nel caso del Monopoli, un po' meno in quello della guida per la gestione del tempo. Se io avessi creato e pubblicato dieci ebook quasi identici chiamati *Risparmiare senza rinunce per casalinghe/studenti/impiegati*, sono sicuro che avrei potuto raggranellare un bel po' di soldi in più!

Quello che devi fare quando ti trovi in presenza di un prodotto che sembra ritagliato su misura per te è chiederti se in realtà quello non sia solo un trucco per farti pagare un prezzo più alto. Se la risposta è sì, o temi che lo sia, pensaci due volte e mettiti alla ricerca di qualcosa di più generalista ed economico.

Purtroppo, talvolta è difficile sapere in anticipo se la nicchia ha un'utilità effettiva, oppure esiste unicamente per alzare artificiosamente il valore percepito e con lui il prezzo. In certi casi potrebbe servire una piccola ricerca per trovare la verità. Fai attenzione e non considerare un prodotto migliore solo perché sembra rispondere esattamente alle tue esigenze: calcola unicamente il valore del bene in sé.

SEGRETO n. 20: non credere che un prodotto sia migliore solo perché è più specifico e di nicchia, e non pagare un prezzo superiore per avere una soluzione che pare ritagliata apposta per te.

RIEPILOGO DEL CAPITOLO 3:

- SEGRETO n. 14: scegli cosa vuoi comprare in anticipo e non cedere alla tentazione di prendere qualcosa di migliore anche se costa poco di più.
- SEGRETO n. 15: quando vedi un prezzo innaturale come 19,99 euro, riscrivilo su di un pezzo di carta arrotondato per eccesso.
- SEGRETO n. 16: fai attenzione agli sconti perché sono una trappola. Se un prodotto non ti serve a prezzo pieno, non ti serve nemmeno se viene venduto a metà prezzo.
- SEGRETO n. 17: se qualcuno ti offre di provare gratuitamente un prodotto per un mese, evitalo assolutamente!
- SEGRETO n. 18: i regali dei negozi non sono regali, ma raffinate tecniche di vendita. Stai attento e non pensare di dover ricambiare il favore acquistando qualcosa.
- SEGRETO n. 19: il cervello non si rende conto di quanto sta spendendo, se lo fa poco alla volta, quindi fai sempre mente locale sui tuoi acquisti.
- SEGRETO n. 20: non credere che un prodotto sia migliore solo perché è più specifico e di nicchia, e non pagare un prezzo superiore per avere una soluzione che pare ritagliata apposta per te.

Conclusione

Complimenti, ce l'hai fatta! A meno che tu non sia saltato direttamente dal primo all'ultimo capitolo, esasperato dalla noia, ti faccio i miei complimenti per essere riuscito ad arrivare fino alla fine di questo manuale: significa che sei carico e motivato per iniziare a risparmiare fin da oggi!

Sono pienamente soddisfatto di quanto sono riuscito a fare in queste pagine, perché so di aver scritto tutti i segreti che ho appreso durante i miei studi contornati da una buona dose di esperienza personale. Il compendio che hai appena finito di leggere è un vademecum preciso e completo, che ha il potenziale di migliorare la tua vita e dare quella spinta in più che ti serve per liberarti dalla pressione finanziaria che ti assilla.

Se è la prima volta che leggi questo manuale, con tutta probabilità dovrai tornare indietro a rivedere alcuni passaggi, lavorare sul tuo bilancio, ricordarti alcuni consigli. Ora che la fase teorica è finita, viene l'importantissima parte di mettere in pratica tutto quello che hai appreso: ti trovi in una posizione di grande vantaggio rispetto alla maggior parte delle persone che ti circondano, perché al contrario degli altri adesso sai come risparmiare i soldi grazie al tuo atteggiamento, alla tua mentalità e alla psicologia.

Non sprecare questa grossa opportunità e comincia fin da oggi a sfruttare la conoscenza che hai appena acquisito. Ti costerà fatica all'inizio, questo non l'ho mai nascosto, ma consideralo come un investimento a lungo termine per il tuo futuro: dovrai compiere degli sforzi e impiegare un po' del tuo tempo nel breve periodo, per poi sentirne tutti i benefici dopo qualche mese di applicazione. I primi giorni sono senza ombra di dubbio i più difficili e, passati quelli, la strada sarà tutta in discesa!

Ora la palla passa a te: esci di casa e inizia con i primi esperimenti! Con le giuste strategie, l'impegno adeguato e una forte motivazione, puoi veramente cambiare molto della tua vita. Potresti andare incontro a dei fallimenti all'inizio: è del tutto normale, perché non hai ancora l'esperienza necessaria. Questa esperienza potrai accumularla solo con il tempo e allora vedrai che i risultati cominceranno ad arrivare. Riuscire a permetterti quello che desideri con serenità è la vera libertà finanziaria, ma non la puoi raggiungere se non applichi più e più volte quello che hai letto in questo ebook.

È di grande aiuto focalizzare la mente scrivendo su carta i propri obiettivi: fallo subito, prima di dimenticarti. Scrivi dove sei adesso e dove vuoi arrivare, poi metti nero su bianco i punti principali di quello che sarà il tuo percorso: sono sicuro che, mentre leggevi il manuale, ti sei reso conto di alcuni errori che hai fatto in passato e che stai continuando a fare. Elencali e poniti l'obiettivo di smettere fin da ora. Fatto? Bene, hai già eseguito il primo passo! Ora continua su questa strada utilizzando il foglio di calcolo in allegato all'ebook, e se ti impegni con costanza i risultati non tarderanno ad arrivare.

Non mi resta altro che augurarti buon risparmio!

Stefano Mini